いのちの営み、ありのままに認めて

Acknowledging What Is : Conversations with Bert Hellinger

ファミリー・コンステレーション創始者 バート・ヘリンガーの
脱サイコセラピー論　**完全復刻版**

Bert Hellinger & Gabriele ten Hövel

翻訳　谷口起代

復刻版に寄せて

本書は、二〇〇五年に日本で出版された『ファミリー・コンステレーションの創始者バート・ヘリンガーの脱サイコセラピー論』の完全復刻版です。バート・ヘリンガー氏が二〇一五年に再来日したことにより再版を期待する声があがり、それに後押しされて、この度、タイトルを変更した「復刻版」として出版する運びとなりました。復刻版では原著タイトル Acknowledging What Is の原義を汲んだ、「いのちの営み、ありのままに認めて」としましたが、その経緯をここで簡単に記しておきたいと思います。

二〇〇五年に『ファミリー・コンステレーション創始者バート・ヘリンガーの脱サイコセラピー論』というタイトルを採用した背景には、当時まだ限られた人々の間でしか知られていなかったヘリンガー氏と彼のワークの名を広めることが、最優先であるという編集会議での合意がありました。

あれから十年の月日が流れ、私たちをとりまく時代の空気は、大きく変わりました。メルクマールとなる出来事や状況のひとつひとつを挙げることはいたしませんが、日本国内はもとより世界情勢を見渡してみても、混沌さが増しています。多くの人びとが、ささやかな幸せを感じる日々の暮らしを紡いでいくことの難しさに直面したのではないでしょうか。それは、個々人の日々の努力や善行の積み重ねの先に、よりよい平和な暮らしが築かれるという理想の限界に気付くことでもありました。と同時に、それは、ひとりひとりを、自らの無力さを認めつつ、生きるうえで本当に守らねばならないものは何なのかを問い、それを守る暮らしのあり方を模索するという作業に駆り立てるものでもありました。

今、混沌さが増す現代社会の中でも、視野を広げて見渡してみると、あらゆる領域で多くの人たちが、人間存在の本質に向き合い、そこから、未来へと続く暮らしを営んでいこうとする取り組みを始めていることに気付きます。そのようなところでは、人間とは、いのちとは、生きるとはといった、人間存在の深淵から生命観を育み直す作業がはじまっています。このように、原著タイトルが時代の潮流に当てはまるようになったと感じたことが、原著タイトルの原義を汲んだ「いのちの営み、ありのままに認めて」というタイトルに変更し、復刻版としての出版に踏み切った理由です。

復刻版のタイトルに、「いのちの営み」という言葉を採用したことにも理由があります。それは、流行している多くの心理療法の「ありのままを認めて」という主張とは異なるということを明確にするためです。心理療法の多くは、クライアントの内側にある、欲求や渇望をありのままに認め、自己実現を促す方向性を持っています。しかし、ヘリンガー氏の生命観では、「自己実現」という概念の基底にある「自由な個人」は近代が生み出した幻想でしかありません。ヘリンガー氏が「ありのままに観て同意すること」を促しているのは、私たちが抗うことのできない大きな力——彼は本書ではこれを名づけることはせず、すべての背後にある深淵（the depth behind everything）だとか「命の源」と表現しています——からは自由ではないという事実です。この主張は、西洋近代主義の産物である、自由な個人の自己実現という価値観からの脱却を促すものです。

本書では、個々人に属する固有の命、近代個人主義的な所有の概念の中で通常使われているものを「生命《いのち》」、私たちが抗うことができない、すべての背後にある深淵、生命の源といったものを〈いのち〉と区別して表記しました。この変更に倣って、初版の『脱サイコセラピー論』では「存在は生命を超える」としていた八章のタイトルは、「〈いのち〉――すべての固有の生命《いのち》の源」と若干思い切った意訳を施しました。復刻版で行った主な修正は、この表記のみです。初版の『脱サイコセラピー論』の訳者前書きは、巻末に挿入しました。当時、まだ限られた人びとにしか知られていなかったヘリンガー氏のワークの概要と価値を、ワークを体験していない方々にむけて紹介することを意図して書いたものです。本書で初めてファミリー・コンステレーションという手法に出会う方は、そちらから読み始めていただくことをお勧めいたします。

本書が、混沌さを増す現代において、力強く未来へと続く暮らしを営んでいく一つの支えとなっていただけたなら、再版を決断した訳者として、これ以上に嬉しいことはありません。

私の再版への想いを汲み取り、きめ細やかな配慮を持って最善を尽くしてくださった東京創作出版の永島静香さんに心より御礼申し上げます。そして、さいごに、復刻版の出版を応援し、支えてくださったすべての方々に心より御礼申し上げます。

訳者　谷口　起代

序文

バート・ヘリンガーは、私の頭を混乱させ、信念体系を揺るがし、そして、私の魂に触れた。ワークショップの間、彼に憤りと好奇心を覚えている私がいた。彼は一見、あまりにも使い古された言葉を使う。たとえば「母親業は極めて重要である」。もちろん、その通りでしょうと、心の中でつぶやいている私。「父と母に敬意を表せよ」。なんてカトリック的な表現だろうか。「両親に逆らうな。彼らのありのままを受け止めよ」。しかし、その彼らに私は苦しめられてきたのに。「女は男に従うべし」。これが善だとでも言うのだろうか。

そうなのだ。それでも私は、ヘリンガーのワークにとても魅了されている。ある時私は、彼の三日間にわたるワークショップに参加していた。それは四百人の観衆を前に、彼が深刻な病を持つ人びとに働きかけをするものだった。始まりは人生劇場の一コマのようで、ただ、わくわくと心に響くだけだった。しかしやがて、気づかぬうちに、参加者は皆、中立的な傍観者から「家族ドラマ」の中へ引き込まれ、目の前で繰り広げられるクライアントの家族ドラマの中に、それぞれがそれぞれの生い立ちを重ね、それぞれにとって固有のメッセージを聞き始める。

今まで関連性がないと思われていた出来事が突然重要なこととなる。たとえば、「ええ、その通り。確かに私には母親の違う妹がいるわ……」といった具合に。娘が母親に向かって深く頭をたれてお辞儀をしたとたん、たちまち涙が流れ落ちる。そんな自分に驚き、「何なの、これはいったい？」とわけの分からぬまま、夕方にはもう完全に疲れきってしまったのだが、これをどう説明したらよいのだろうか。結局、私はただ見ていただけなのに。

どうして、彼のセラピーの中では、数々の宗教的な言葉が突然意味を持つことになるのだろうか。両親の前に謙虚に立つとか、父に祝福を請うとは、何を意味するのだろうか。謝罪を「不適切」であると言い、許すことを「傲慢」の一言で片付ける、そこに真実はあるのだろうか。セラピーを行っている間、この人物の思考をガイドしているのは何だろう。どうやって彼は、我々が慣れ親しんでいる進歩的な思考スタイルの中にひそむ盲点を突くことができるのだろうか。彼は一体どうやって

・近親相姦のケースの中にある愛を探し出し（怒るべきことでしょう？）、
・ナチスの時代に起こったことを回避不可能なことと見なし（当時の人びとだって分かっていただろうし、正義のために戦うこともできたはずなのに）、
・怒りは人を暴力に駆り立てる力であると捉え（でも、不正に対して戦うことは基本でしょう？）、
・女性解放の問題において男性性への敬意を見つけ（これまでの女性蔑視の歴史を思い起こした時、男性がどんな尊重に値するといえるのでしょうか？）、
・養子をもらった親の罪を見つけ（養子縁組は善いことで、間違いなく社会にとって有益な行為なのに）、
・家族の絆を自由の源であると捉え（子供にとって親離れは必要不可欠）、

・運命との和解を探す（私の人生は私自身のもの！）、ことができるのでしょう。

このように数々の疑問が、ワークショップ中ずっと私の頭の中を駆けめぐった。しかしそれでも、私は単純に、彼のワークが私の心に触れたその感覚に魅了されてしまった。彼のワークをじかに体験した後や、彼の著書をさっと一読した後、もしくは、実際に彼と個人的に話をした後、私はいつもある種の奇妙に満たされた感覚――それは自分自身に対する、そして外の世界一般に対する、心地よい、善意に満ちて落ち着いた感覚――を体験した。なぜだろう？　きっとそれは、彼が揺るぐことのない姿勢で、魂のもつれ、苦しみ、病のルーツとしての愛のありかを探求しているからではないだろうか。ヘリンガーが好んで使う表現、たとえば、謙虚さ、善、慈悲、それから父親からの祝福、贈り物としての人生、和解などは、時として時代遅れだと感じるかもしれない。しかし、これらこそが魂の領域にまで届くことのできる言葉なのだ。近代以降の分析的志向が強い心理学は、魂の領域に届く言葉をほとんど持っていない。まるで彼は、魂に届く言葉を持たない現実との間に橋を架けようとしているかのようだ。私にとって、すべては不気味ですらあった。私の理解を超えるやり方で、私の中の新しい領域の扉を開けてしまったこの人物は、一体何者なのだろうか。

バート・ヘリンガーは、クライアントに対し、時にぶっきらぼうで厳しいことがある。柔らかい表現を使って言い換えるならば、彼は、それが必要であると確信している時は、とても決定的な表現で言い切る。多くの人は彼を権威主義者と言う。彼は多くの者が大胆すぎるがゆえに、かろうじて心の中で考えることしかできない見解を、躊躇なく言葉にする。彼は配慮のある人というよりは、むしろ熟慮の人なのだ。

セラピストと呼ばれるよりは魂のケアテーカーと呼ばれることを好むこの心理療法家は、他のセラピストや聖職者、人を助ける仕事をしている者たち――貧困者や権利を剥奪された者や未亡人や孤児の自称代理人など――が好んで用いる業界用語を使用しない。ヘリンガーのシンプルで心にじかに響く言語を前にすると、これら善人が使う業界用語や、教育やセラピーの偉大な目標は、蒼白く弱々しい姿に映ってしまう。そしてさらに当惑させられるのは、彼はほとんど知ることを求めない。まったく不可解なことに。

一般的にセラピーでは、クライアントを苦しめる事柄一つ一つを検証しようとする。しかしヘリンガーは、家族の中に実際に起こった出来事だけを質問し、その出来事に対してクライアントが持っている感情や考えについて、またはクライアントの今現在の思いなどを聞いたりはしない。クライアントがひどい仕打ちをした父親や支配的だった母親への嘆きを口にし始めるやいなや、「ノー」と言って話をさえぎる。そして、こう言う。「ただあなたの家族の代理人を立てなさい」。

事故で妻と息子を失った男性がクライアントだった時のこと。その事故の描写があまりにも残酷で、会場全体が凍りついてしまった。クライアントに向き合う

日本で行われたワークショップの模様（2004 年 3 月）

ようにして立っていたヘリンガーは、この話をじっと聞いた後、柔らかい声でこう言った。「では、布置《コンステレーション》を立てましょう」。このケースで、ヘリンガーが、どのようにしてこの男性の傍らに立ち、愛する者の死を見つめさせ、そしてゆっくりと生へ戻るよう導いたかを、再現することは不可能だ。この時の彼は、本当にわずかな言葉でそれを成し遂げ、そして会場全体を惹きつけるほどの仁慈深い確信と優しさに満ちていた。彼は大胆で厳しいだけでなく、柔和で温かい心の持ち主で、愛情に満ちあふれてもいるのだ。

後に、私は彼と一対一で話す機会に恵まれ、最初はラジオ局のスタジオで、後に彼のオフィスで、私が投げかけた数多くの質問に答えてもらうことができた。彼が快くこの企画に参加してくれたとは、なんと素晴らしいことだろう。まだ多くの質問の答えは得られていないし、彼のワークの詳細については説明されていないが、最初の一歩としては充分であると思う。

ヘリンガーとの対話は、思考と感情のローラーコースターへの招待状だ。彼は、日常に埋もれてしまっている考え方を呼び起こしたり、霊性に必要な養分を与えてくれたりしながら、私たちを挑発し、魅了し、感動させ、そして不快感を抱かせる。ただどういうわけだか、最後には世界をより寛大な目で見ていることになる。

ガブリーレ・テン・ヘーフェル (Gabriele ten Hövel)

目次

1

解決を手に入れるより苦しみに耐えるほうが簡単

"SUFFERING IS EASIER TO BEAR THAN RESOLUTION"

この章は、ラジオ番組（Südfunk 2, Stuttgart）でヘリンガーがヘーフェルと対談し、ヘリンガーの手法についてリスナーに説明した時の記録から抜粋したものである。この本では、ヘリンガーの考え方とワークの方法についてのイントロダクションとして使用する。

ヘーフェル　システミック家族療法とは何ですか。

ヘリンガー　システミック家族療法では、われわれセラピストはまず魂のもつれ（entanglements）を探すことに焦点をあてます。魂のもつれは、クライアントの原家族の家族メンバー――つまり両親、両親の兄弟姉妹、祖父母など前世代の家族メンバー――の運命と関係があります。魂のもつれは、ファミリー・コンステレーションという手法によって明るみに出すことができます。そうすると、魂のもつれの解決策をより簡単に見つけることができるのです。

では、ファミリー・コンステレーションとはどんな手法なのでしょうか。今後の会話を簡単にするために、まずは実際の例を見ることから入りたいと思います。この事例はバート・ヘリンガー氏が、深刻な病を持つ人を対象に働きかけたガーミッシュ（Garmisch）の大会からのものです。この大会は、約四百人の参加者が見守る中で行われ、クライアントは大きな円を描いて座っていました。ワークショップはヘリンガーのクライアントに対する「何が必要か」という質問で始まりました。一人の若い男性は、十八歳の時からある病に苦しんでいて、動悸の高まりと自律神経系の障害を引き起こしたことを伝えました。バート・ヘリンガー氏はそれに対して、いくつかの問いかけをしました。

クライアント　私の家族は問題をたくさん抱えています。母と父は離婚しました。母と祖父の間には確執があります。このことは、たとえば私の結婚式に皆をどのように招待するかなど、現実の生活において多くの問題をひき起こしています。

ヘリンガー　（参加者に向かって）これから私がするワークでは、最小の情報、つまり外的な状況――鍵となる出来事――のみが重要です。クライアントやその家族が、何を考え感じているかは重要ではありません。このクライアントはすでに一つの重要な情報を言いました。両親が離別したことです。この他に鍵となる出来事と考えられる例をあげるなら、兄弟の死や、ある家族のメンバーがその家族から排除されている状況などがあります。この他に乳児期の入院、出産時の合併症、出産時の妊婦の死などが挙げられます。このような事象にファミリー・コンステレーションのセラピストは関心を持ちます。

（クライアントに向かって）あなたの家族の中で、このようなことがありましたか。

クライアント　母は双子でしたが、片割れの妹が死にました。

ヘリンガー　これで十分でしょう。これはとても影響力を持つことですから、おそらく他の事柄が持つ重要性をすべて覆い隠すことでしょう。では、あなたの原家族の代理を布置していきましょう。あなたのお母さん、そしてお父さん、それから何人の子供がいますか。

クライアント　あと妹が一人います。

ヘリンガー　そうですか。ではあなたと妹を含めてこの四人を布置しましょう。参加者の中から、あなたのお父さんとお母さんと妹、そしてあなた自身の代理となる人を選んでください。誰でもかまいません。ただ四人の人を選べばいいのです。それから順番に一人ひとりの所へ行って、両方の手で、あなたがこの位置が正しいと感じる場所まで誘導してください。何も話さずに。代理人も何も話してはいけません。四人すべての代理人を、今、あなたの心の中にある家族のイメージに従って、それぞれの関係が現れるように配置してください。

□　ファミリー・コンステレーション（家族布置）

その若いクライアントの男性は、見知らぬ参加者の中から父、母、妹、自分自身の代理を選びました。それから彼は、彼の心の中にある家族のイメージを反映するように代理人たちをそれぞれの位置に立たせました。このケースでは、父は母に背を向けて立ち、一方、息子――つまりクライアン

トの代理人――は母と互いに向き合って立っていました。これらの代理人とクライアントはまったく見知らぬ者同士であり、代理人はその場で偶然選ばれたので、この家族について何も知らされていません。さて、何が起こるでしょうか。

このファミリー・コンステレーションでは、奇妙なことに、代理人たちは布置されると、代理をしている家族のメンバーのように感じ始めます。時には、代理人が、代理をしている家族メンバーが実際に持っている症状さえ表すこともあります。症状があることなどまったく知らされてもいない場合でも、このようなことが起こります。たとえばてんかん患者を代理していた人が、てんかんの発作を起こしかけたことがありました。代理者の心臓の鼓動が激しくなるとか、体の片側が冷たく感じるなどはよくあることです。その時に、実際の家族メンバーについて尋ねると、これはよくあることなのですが、その症状は実際にその家族メンバーが体験していることと合致しているのです。この現象を説明する手立てはありませんが、実際にファミリー・コンステレーションのワークショップで繰り返し起こっていることであり、あなたはそれを繰り返し目の当たりにすることでしょう。

ファミリー・コンステレーションを通して、あなたは何が見えるのですか。それから、このワークはどのような効果を持つのでしょうか。

家族を構成しているメンバー間の関係が見えます。この例では、父親が背を向けていること、そして母と息子が向き合っていることには重要な意味があります。もしこの重要性を適切に受け止められれば、誰にでも問題がどこにあるかが分かるでしょう。

あなたが言う「魂のもつれ」とはどういう意味ですか。

ある人が無意識に前世代にいた家族メンバーの運命を背負い、その人の人生を生きてしまう時、その人は魂のもつれの中にいると言えます。たとえば、ある家族で、過去に幼児期に捨てられてしまった人がいたとします。そして現在の家族メンバーの誰かが、まるで自分自身が捨てられたかのような行動をするという状態です。過去に幼児期に捨てられてしまった人の魂のもつれの中にいるということを知らないでいると、その人の問題は解決されません。

この場合の解決策は、おそらく、過去に捨てられてしまった人を家族図の中にもう一度取り戻すことでしょう。この人の代理人を選び布置の中に立たせるのです。そうすることで、この人は現在この人の魂のもつれの中にいる子孫の守護者になります。排除、または忘れられていた家族メンバーが、その家族システムの中に居場所を与えられ尊重されると、他の家族メンバーに対して友好的な存在となります。

今までのあなたの話を理解するのは大変難しいことです。ある人が何も知らないうちに、誰か他の人の運命を繰り返し生きてしまう。今の例で言うと、このクライアントは叔母に一度もあったことがないわけです。どこから魂のもつれは来るのですか。魂のもつれが生じるかどうかは、あなたの言う「家族の集団的良心」と関連がありますか。

その通り。どうやら集団的良心が一家族システムのメンバーすべてに影響を与えていると思われます。家族システムには、子供たち、両親、祖父母、両親の兄弟姉妹、そしてどちらかの親の以前のパートナーなど、その家族システムに属するメンバーの存在に関わった者であれば誰でも含まれます。このシステム内のメンバーの誰かが不当に扱われていると、集団的良心がバランスを保とうと作用するのです。つまり、過去の世代である家族メンバーに対して不当な扱いをすると、後の世代を生きる子孫たちがその秩序を再構築しようとし、そのために苦しむということです。過去の不当な出来事を再現しようとするある種のシステム的な衝動があるということです。この方法ではもちろん、本来の秩序を取り戻すことはできません。

前の世代で排除された人の運命を背負うこととなった人には罪はなく、その人は集団的良心によって不条理な役割を担わされています。同じ家族システムに属する者を排除したり、捨てたりして罪を犯した者は、この集団的良心の働きによって不当な利益を得るのです。集団的良心は、後からくる家族メンバーにとって公正であるかどうかには関心がありません。集団的良心にとっては、過去の家族メンバーにとって公正であるかどうかが問題なのです。どの家族システムにおいても、そのシステムの家族メンバーはすべて、そのシステムに属する同等な権利を持っています。一人のメンバーが排除や非難されるということは、そのシステムに属する他の人が、その人はシステムに属する同等の価値がないと決めたことになります。これは、不正です。魂のもつれとして、後世のメンバーによって償われることになります。後世代の者は、知らないうちにこのことに影響を受けるのです。

世代を超えて集団的良心が作用する例というのを挙げていただけますか。

極端な例を一つ挙げましょう。以前、一人の弁護士が私を訪ねてやって来ました。彼は明らかに本来の自分を失っている状態でした。なぜなら彼は彼の家系に起こったことについて調査した結果、ある事実を発見し正気ではいられなくなったからです。彼の曾祖母がある男に出会った時、すでに結婚をしていて子供を身ごもっていました。彼女の夫は二十七歳で十二月三十一日に死亡しましたが、何者かに殺害された可能性がありました。その後、曾祖母は出会った男と結婚し、その男との間に一人の息子が生まれました。曾祖母は早死にした元夫の遺産を元夫の子供には渡さず、再婚した相手との間に生まれた息子にすべて与えました。そう、これは不正な行為です。その時から、この家系内ではすでに三人の男が皆、二十七歳で十二月三十一日に自殺しています。私のところにやって来た弁護士がこの事実を知った時、彼はいとこが二十七歳になったばかりで十二月三十一日が近づいていることに気づきました。彼は忠告するためにいとこの家に行き、いとこがすでに自殺するためにピストルを購入していたことを知りました。魂のもつれはこのように作用するのです。その後、この弁護士は私の所に再度やって来ました。なぜなら、今度は彼の中に自殺願望があることを感じたからです。私は、彼に壁に背をむけて立つように言い、死んだ男（曾祖母の元夫）を思い起こさせました。それから、彼に死者に向かって次のように言わせました。「私はあなたを認めます。あなたは私の心の中に居場所があるのです。私は不正が修復され癒されるよう、あなたに対して行われた不正を沈黙の中に葬ることは致しません」。それ以降、弁護士はパニックに陥ることなく暮らしています。

先ほどの布置の例に戻りたいと思います。代理者を布置したクライアントは席に座り、目の前でこれから起こることを観察しています。バート・ヘリンガーは代理者一人ひとりにどんな感じがする

か、尋ねていきました。

ヘリンガー　お父さんはどんな感じがしますか。

父の代理者　感覚がありません。今、自分が、どう感じているのか、まったくわかりません。

母の代理者　私はなんだか孤独な感じがします。もし、そこにいるのが私の夫なら、彼は遠くに行き過ぎのような気がします。息子との間に、何か特別な関係があるような気がします。

ヘリンガー（参加者に向かって）この息子は誰の代わりをしているのでしょうか。母親の死んだ双子の妹です。このことが息子にとってどのような意味を持つか想像してみてください。息子さんはどんな感じがしますか。

クライアントの代理者　母と向き会って立っていますが、本来の居場所ではないと感じます。母との間に強烈な結びつきを感じます。

ヘリンガー　妹のほうはどうですか。

妹の代理者　左側に居心地の悪さを感じます。十分なスペースがないという感じです。私にとって、兄が一番気になる存在です。

ヘリンガー（参加者に向かって）ある人が家族のシステムから除外されていることが布置で明らかになった時、次のステップはその除外されていた人を、家族図の中に戻すことです。今から私は双子の妹の代理を布置します。

（クライアントに向かって）双子の妹はどのように死んだのですか。

クライアント　終戦後に起こった、とても悲惨な出来事でした。戦争から戻ったばかりの私の祖父はトラックで何かを配達しなければならず、妻と双子の子供を連れて行きました。トラックが発車した時、妹はドアのノブで遊んでいました。そして突然、ドアが開いてしまったのです。彼女は車から落ち、祖父は彼女を轢いてしまいました。本当に悲しい出来事です。彼女は七歳でした。

ヘリンガー　あなたの母の妹の代理者を選んで、母のすぐ隣に立たせてください。

（母に向かって）今はどんな感じがしますか。近すぎる気がしますか。

母の代理者　さっきより良いですが、近すぎる気がします。

ヘリンガー　そう、それで良いのです。

（母の双子の妹に向かって）どうですか。

死んだ叔母（双子の妹）の代理者　このように彼女のすぐ近くに立っていることが、とても心地よいです。

ヘリンガー　息子さんは、何が変わりましたか。

クライアントの代理者　母との関係は先ほどより、強くなくなりました。より父親のほうへ向いている気がします。

ヘリンガー（参加者に向かって）その通り。妹がここに配置されたことによって、彼は今まで背負ってきたものからようやく解放されたのです。

（父に向かって）何か変化はありましたか。

父の代理者　家族のほうを見ないでいるので、孤立している感じがします。努力をしないと、家族に何が起こっているのかさえ分かりません。

ヘリンガー　システム論的に言うと、この夫と妻の間に関係が構築される可能性は完全に閉ざされています。彼女は彼女の原家族、そして双子の妹との絆があまりに強いので、男性に心が向かないのです。この関係は初めから破綻する運命にありました。でも、子供たちは父親の側に行かなければなりません。

（ヘリンガーが、息子と娘を父親と向き合うように立たせる）

ヘリンガー（息子に向かって）その場所では、どんな感じですか。

クライアントの代理者　より調和している感じです。さっきより、父親と強くつながっている感じがします。私の隣に立っている妹に支えられています。

ヘリンガー（妹に向かって）どんな感じですか。

妹の代理者　さっきより良い感じです。母の妹が登場した時点で、すでに良い気持ちになりました。

父の代理者　私と向き合い、私を見ている人がいる。さっきと比べて断然いいです。

ヘリンガー　息子は父親の側にしばらくいなければいけません。本当に近くに。

（クライアントに向かって）私の言っていることが、分かりますか。

クライアント　なんとなく。私は父と長い間、音信不通のままでした。ここ数年、再び会い始めました。父は、私に対して、私が到底答えることのできない大きな期待を持っているような気がします。

ヘリンガー　彼に祝福してくれるよう、お願いしなければなりませんね。

□ 新しい家族図

ファミリー・コンステレーションでは、最後はたいていあなたとクライアントは、一緒に布置を観察するか、もしくはクライアントが自分の代理人と入れ替わって布置に入ります。このプロセスの間、クライアントには一体何が起こっているのでしょうか。

まず、クライアントが今まで持っていた家族のイメージが不完全なものであったことが明らかになります。今の例では、母の妹が忘れられていました。クライアントがこの欠落していた妹の代りになっていたこと、そして父親が妻から離れたがっていたことを実際に見ることができました。

排除されていた人を布置の中にとり戻すと家族図が変わります。子供たちは母親側ではなく、父親の元へ行き、母と双子の妹は二人きりで残されました。なぜなら、この二人の結びつきがあまりに強いからです。このようにクライアントは新しい家族図を得ることができるのです。そうすると突然、母親こそが家族から除外されているのだということや、夫は妻のために家族を離れようとしていたということが明るみに出ます。実はこのような例はよくあるのです。本来家族のシステムから離れようとしているパートナーの代わりに、もう一方のパートナーがその家族を離れるということが。子供たちは今、母親の側ではなく父親の側に立っています。そして、この家族システムを癒す力は父親側から来ています。長い間母親の影響下にいたクライアントは、これから父親の側に移動しなければなりません。そうすることで彼は男性的な強さを手にいれることができます。しかしながら、これで十分というわけではありません。彼はあまりに長い間、母親の近くにいたので、父親との間に葛藤を抱えています。彼は父親を再び取り戻すことが必要です。そこで彼には父親の祝福が必要となるのです。

□　父からの祝福

祝福…とは、とても宗教的な色彩の濃い言葉ですね。

その通り。宗教的です。より正確に言いましょう。あなたの生命《いのち》は両親から来るのではなく、両親を通してこの世に来るのです。生命は遥かかなたからやってきます。私たちはそれがどこなのか、何なのか知りません。つまり、私たちは、生命が誕生するごく身近な環境に目を向けているのではなく、生命の源——それを名付けることはしませんが——を見つめているのです。生命の源の方向を見るという行為は宗教的です。

先ほどの布置で、息子が父に向かって頭を下げ祝福を請いましたが、この時、彼はある種の宗教的な行為に参加していました。重要なのは、祝福とは父親のみから来るのではなく、彼を通して遥かかなたからやって来たということです。この意味において宗教的なのです。このように祝福されることによって得る強さは、父親の手の内にあるものではありません。

生命をこのように受け取る人は、自分自身の原点との調和の中に生きることができ、自分自身の運命を肯定的に受け取ることができます。自分の親を通して受け取る自分自身の可能性、そして限界を受け入れることは、ありのままの世界を甘受するという意味です。これは宗教的な姿勢です。

ある部分、ファミリー・コンステレーションという手法は礼拝的な要素を持ちますし、癒しを起こす儀式でもあります。しかし、これは外からの宗教源をある状況に適用する儀式ではありません。ファミリー・コンステレーションで行う儀式は、布置の力動から湧き起こるものです。布置から湧き起こった力動が、尊重すること、配慮すること、畏敬の念を現すことを求め、結果として儀式的となるのです。

礼拝においては司祭が中心的な役割を担います。ファミリー・コンステレーションでもクライアントがほとんど受身であるという点が似ています。クライアントはセラピストが代理人の配置を変えている間、ただ観ているだけです。セラピーとしてはとても受動的だという気がします。

最初にクライアントは家族メンバーの代理を彼らの関係を表すように配置しますが、これはとても能動的です。私は、ただそのクライアントが配置した布置の中に秩序を見つける手助けをしているだけです。最終段階で解決に向かう時、クライアントは再び能動的な役割を果たします――先ほどのケースで、クライアントが父親に向かって祝福をお願いしたように。もし、クライアントがただ受け身に徹しようとするなら、私はそのワーク自体を途中で止めることでしょう。誰かがもし私に、その人のためにワークをさせ自分は受け身に徹しようとしたら、私はすぐにそのワークを止めます。そのような人とのワークはしません。

ただ、司祭のようだというあなたのコメントには、真実も含まれています。セラピストとして、私はより大きな秩序との調和を感じながらワークをしています。より大きな秩序との調和があって初めて、私は解決の配置図を見ることができ、それを布置の中で実現することができるのです。この種のワークをするセラピストはとても積極的な役割を担いますが、これがある人びとにとっては時に障害となるようです。権威と共に行動するということなのですが。

権威主義的だと多くの人が感じているようです。

ええ、実際、そういう言葉をよく耳にします。しかし、この種の権威が反映しているのは、究極の謙遜と究極の調和です。私がこの種の権威を持つのは、直面している現実と調和している時、そして排除された者と調和している時だけなのです。

排除された者とは、ある理由によって落ちこぼれたものということでしょうか。

尊厳を否定された者、属する権利または対等な地位を奪われた者のことです。

先ほどのケースでは、双子の姉妹のうち早死にをしたほうのことですね。でも、あの家族の中で彼女の死は隠されていたわけではないでしょう。

はい。しかし、あのような悲劇的な出来事の後に何が起こるでしょうか。おそらくあの家族システムにとってあまりに大きな苦悶であったために、誰一人としてその事件をありのまま認め直面することはしなかったでしょう。

このケースのクライアントから数週間前に手紙が届きました。その文面から、彼が同情心から祖父にも同一化していることがはっきり読み取れました。祖父にとっては、本当に悲惨な状況だったことでしょう。私はクライアントにこのように返事を書きました。あなたは祖父を信じ、祖父が彼自身の運命を背負うことを信じなければいけませんと。

その祖父が双子の妹の死の原因となった人ですね。

ええ。だれも彼を慰めることはできません。慰めるという選択はあり得ないのです。彼自身の尊厳が、彼が一人でその結末を背負うことを要求するのです。こうすることによって、彼は彼自身の偉大さに到達することができ、これにだれも介入することはできません。

私がこのような発言に対して、私がまるで非情な人間であるかのように批判する人びとがいますが、実際は、私はこの祖父に対する尊敬の念を持っていて、この尊敬の念において私は彼と調和しているのです。私がこのように対応するならば、孫であるクライアントも解放されるのです。

このファミリー・コンステレーションの最後の場面で、あなたは「この夫と妻の間に関係が構築される可能性は完全に閉ざされています…。この関係は初めから破綻する運命にありました」と言いました。この言葉も、とても決定的で——情を挟む余地もなく——とても厳しいと思いました。

あの言葉は私が考えついたものではありません。双子の片方があのような状況下で早死にをした時、もう片方の子は後追いをする衝動に引かれてしまうのです。この女性はたとえ彼女がそう願わなくても、双子の妹から離れることはできません。確かに無情で、厳しく見えますね。

妻でありクライアントの母であるこの女性を夫の右隣に立たせ、双子の妹をその反対側に立たせることもできたでしょう。そうすれば、この双子の妹もシステムの中に含まれることができます。しかし、今までの私の経験から言うと、このような状況で、そうすることはほとんど助けになりません。宿命的な出来事がこの女性を現在の家族から引きずり出そうとしている。彼女は彼女の原家族につながれているのだということを、ただ認めなければならないのです。

彼女がいずれ自殺をするだろうということを、私は言っているのではありません。彼女はただ単純に双子の妹があまりに不幸だったが故に、夫の隣にいることが幸せではないのです。それは妹ととても深いところでつながっている愛であり、この愛が現実的な影響力を持つのです。このことを認めることでこの女性は彼女自身の運命と直面でき、今までシステムから除外されていた妹とのつながりを再び取り戻すことで楽になるかもしれません。もしこの女性が夫の隣にいることで人生を真から楽しむことができるとしたら、それは私が今まで体験してきたすべてのことに反します。このような深い次元での絆を軽視することはできません。

このケースであなたは、クライアントに一つの短いエクササイズをしました。

ヘリンガー　（クライアントに向かって）母の死んだ双子の妹の所へ行き、そして尊重の念をこめて深く頭を下げなさい。それから祖父母に対しても同様のことをしてください。最大限の尊重をこめて。そして彼らの運命を承認する思いをこめて。

（クライアントがお辞儀をする）

頭をあげ、一人ひとりを見て…あなたはまだ、死んだ双子の妹を見てはいませんね。あなたの叔母を見て。深く呼吸をして、もう一度お辞儀をしてください、ゆっくりと。お辞儀をする時は少し口を開けて、深く呼吸をして。そう、痛みをありのまま感じて。これは尊重することからくる痛みです。では、もう一度彼女を見てください。

（参加者に向かって）叔母の顔と、この若者の顔の違いが見えていますね。彼は、彼女が彼に与えようとしているものを受け取れないでいます。彼にとって、叔母からの祝福を受け取るより、病でいることのほうが楽なのです。

このようにして、あなたはワークを終結させました。参加者の一人は今後の成り行きをとても懸念していました。あなたがクライアントをこのような状態のまま放っておくのかということを。

ヘリンガー　（参加者に向かって）質問はこの次のステップについてでした。この質問自体、何かこの次のステップがなければならないということを前提としています。答えを言いましょう。これ以上何も起こりません。彼は和解を拒んだのです。

ここでとても重要なポイントが明るみに出ました。問題を解決するよりも、苦しみを耐え続けるほうが易しいということです。これは、ある不思議な次元では、苦しみや問題を抱え続けることが、潔白感や忠誠心と強く結びついているという事実と関係しています。これは、自分が苦しむことで他の人が救われますようにという深い願望でもあるのです。

もしこのクライアントが、叔母は救われる必要がないのだということを知ったら、彼はがっかりすることでしょう。なぜなら彼が苦しんできたすべてのことが、無になってしまうからです。それを認めることは容易ではありません。問題を持ち続けることのほうが簡単なのです。たとえ解決策を知ったとしても。

このような時、セラピストは何か他のことが起こるように試みたり、介入したりすることはできません。この時点で私にできることは、彼の善良の魂に委ねることだけです。

□ 解決

通常、心理療法はこの時点から始まるのではないかと思いますが、あなたの場合はこの時点でただ止めてしまうのですか。

先ほどお話したように、このクライアントはその後すぐに手紙をくれました。その内容から彼の善良の魂が動き始めたことが読み取れました。つまり、その後、彼にとって明らかになったのです。叔母の祝福を受け取ることができないのは、彼が祖父と同一化していたからで、祖父は彼の死んだ娘からの愛を受け取ることはできないからだということが。

娘である双子の妹が亡くなった原因を作った祖父のことですね。

はい。祖父は、自分が轢いてしまった娘に対して非常に罪の意識を感じていたので、その娘の親しみのこもった微笑みに心を和らげることはできませんでした。この特定の瞬間、クライアントは祖父と同一化していたので、クライアントも叔母（祖父の娘）の愛に対して心を開くことができなかったのです。その後、クライアントの善い魂が動き出したので、彼を助けることが可能になりました。祖父との関係が彼にとって明らかになったので、私は彼に、自由になるためには彼が抱え込んできた祖父の苦しみを手放し、本来属する祖父の許に置かなければならないと伝えました。

あなたは今、彼を助けることが可能になったと言いましたが、具体的にどういう意味ですか。彼の病気が良くなるということですか。

彼の祖父との同一化を解決する助けができるということです。この祖父こそが最も償いの必要性を感じている者ですが、祖父の代わりにクライアントが罪滅ぼしとして病になったという見方もあり得ます。この若者が祖父との同一化を解決することで、おそらく彼の病気は回復へ向かうことでしょう。そうなるかどうか私は分かりませんし、このことに私は直接的な関心を持っていません。

私が関心を持っているのは、魂とそして家族に癒しを起こさせる力です。これら癒しをもたらす力が動き出すと、病が改善されることは十分あり得ます。しかし、それが私の直接的なゴールではありません。私の関わりは魂、そして家族という領域です。このファミリー・コンステレーションというワークを通して病が回復するというなら、私にとってそれは結構なことですが、このことは医者に任せたほうが良いでしょう。医者が責任を持つ領域であって、私は私の適性能力を超えた事柄に関わりたくはありません。

□ 家族内の病理

あなたは医者にかかっている患者に数多く働きかけをしてきています。医者が自分の担当している

患者を、あなたのワークショップに連れてきて、共にワークをすることもあります。あなたは、癌はある存在に対して十分な敬意を表していないことと関係しているとか、胃の疾患は母親との間の解消されていない問題と関係していると言いますが、その一方で、このファミリー・コンステレーションを通して病気を癒せるとは言わないのですね。

病気の人たちにワークをしてきて分かったことは、病気を起こし得るいくつかの基本的な力動が存在するということです。私はこの基本的な家族内の力動のみを扱っています。

家族システム内では、ある子供が、死んだ兄弟姉妹や死んだ親の後追いをしようとする衝動を持っていることがあります。その子供は心の中で「一緒にいくよ」と言っているのです。このような背景を持つ人が、自殺をしたり、癌やその他の病になったりすることがあります。基本的な力動は様々な形で表現されることがあります。現に作用している基本的な力動を認めずに癌の治療を試みるというのは、筋が通らないと言えるでしょう。

このような家族システムには、三つの基本的な力動が作用しています。

- 他者に、死、病、または特定の運命までも、ついて行こうと駆りたてる傾向
- 同じシステム内の誰かを救うために、自分がそのシステムを去る。「あなたより私が死ぬほうが良い」「あなたより私が去るほうが良い」
- 過去の誰かに属する罪の贖い

これまでに例として見てきたファミリー・コンステレーションは、おそらく夫が「あなたより私

が去るべきだ。そのほうがよいのだ。愛する妻よ」と言っているケースでしょう。

なぜ、彼はそんなことをするのですか。

まったく無意識にしているのです。これと同様のことを子供がすることはよくあります。両親のどちらかが誰かの後を追おうとして家族から去ろうとしていることを、子供が無意識に察知した時などです。私たちが見てきた例のケースでは、母親が双子の妹を追いたがっていましたが、そこで息子が「ぼくが死ぬか病気になるよ。お母さんの代わりに」と言っていたのです。おそらくこれがこのケースで見ることのできた一つの力動でしょう。

では、親と子供の関係を扱ったもう一つの事例を見てみましょう。このケースのクライアントは、過去十二年間、MS（多発性硬化症）に悩まされてきた一人の女性でした。彼女の父親はナチスの党員で、二人の脱走兵の死に関わっていました。このケースでも、彼女のことを事前に知らない参加者が、彼女の家族メンバーの代理を務めました。このケースであなたは、父親に部屋から出るように言いました。それはなぜですか。

これは極めて例外のケースです。殺人を犯した者は大抵、家族システムに属する権利を失います。このケースのように殺人に関与した者は、家族システムに属する権利を失ったので、そのシステムから立ち去らねばなりません。ファミリー・コンステレーションで、ドアから出て行くという行為は、その家族に属する権利を失ったことを意味するか、もしくはその人が死んだことや死のうとしていることを意味します。

もし、システムに属する権利を失った犯罪者がそのシステムを去らなかった場合、子供が後に代償を払うことになります。ですから加害者に同情することは良い結果を生みません。罪のない者にとって悪い結果をもたらすからです。

あなたは、彼女のケースに働いている力動は「あなたよりも私が去るほうがいい」というものだと言いました。父親のかわりに娘がシステムから去ろうとしていて、そこから病が生じたのだと。この説明の後に、あなたと彼女との間で短い対話がありましたが、そこであなたは彼女にこの力動を理解できたかどうか尋ねました。それに対してクライアントは以下のように答えました。

クライアント　父が犯した罪については父がすべてを背負うべきであり、私が彼のために背負ってきたことは手放すことができるということは分かります。二、三年前まで、私は、彼がしたことをまったく知りませんでした。このことを私は他の兄弟姉妹に話しました。

ヘリンガー　それは決してしてはいけないことです。尋ねるべきことでもありません。

クライアント　尋ねてはいません。私はただ、「戦争中に何があったの?」と言っただけです。

ヘリンガー　それは子供がしてはいけないことです。子供が親の秘密に立ち入ることは許されません。ある部分、あなたの苦しみは、あなたが親の秘密に立ち入ったことによる代償かもしれません。

参加者からの質問　親の世代は、ナチスの歴史について私たちに伝えるべきではないでしょうか。

ヘリンガー　いいえ。もし犯罪に個人的に関わったのなら、伝えるべきではありません。そうでなければ、親の秘密を知った子供たちはどうすればいいのでしょうか。子供たちは「あなたたちがしたことを見てごらんなさいよ！」とばかりに、親を非難しなければならないでしょう。そうすることで、子供はまるで自分たちのほうが親よりも上位にいるもののように振る舞い、自分自身を破壊的な立場に追い込むでしょう。そこから何も良いことは生まれません。

参加者からの質問　私はたとえ親が犯した罪を知ったとしても、なぜ彼らがそのようなことをしたのか理解できると思います。そして、彼らの行為を許すことができると思います。

ヘリンガー　理解を示す、または許すということは、子供のすることではありません。それは出すぎた行為です。

□　傲慢さとその結末

この時、会場から大きなどよめきが起こりましたよね。そして多くの参加者は憤慨しました。子供は本能的に正義感を持っているのに、なぜ尋ねてはならないのですか。大人の中に良心の呵責があることを、子供は大抵気がついてしまうものだと思います。

そう、おそらく子供は気づくでしょう。しかし子供はそれに関わることはできないのです。

子供は大人ではない。だから単純に尋ねるのです。まったく無邪気に。それに対して彼らは何らかの病になるという形で罰せられる必要があるのですか。

大抵、それは問題が何であるかによります。もし両親の罪に関わることとか、両親の親密な関係に関することであるなら、子供が質問するのは出すぎた行為です。もし、親の罪の問題ならば、子供が自分の親を法廷に呼び出し、自分の子供の前で釈明することを要求しているようなものです。これ以上の傲慢な行為はありません。

もしある子供がそれをしたとしましょう。その子は、その行為をしたことのために自分を罰することでしょう。また両親が自ら自分たちの親密な関係、たとえば母親が自分の夫が性的に不能だとか、自分たちの性生活について話すとか、または父親が妻を軽蔑まじりに話し、それを子供が聞いてしまったとしたら、子供はそれを知ってしまったことにおいて自分自身を罰します。もしそれを積極的に聞き出そうとしたとしたら、なおさらのことです。これを解決する方法は私が「霊的な忘却（spiritual forgetting）」と呼ぶ方法しかありません。子供はこの類の問題から完全に身を引かなければなりません。

一人の子供には一人の母と一人の父がいます。ただそれが真実なのです。誰か他の人が親にはなれないし、なる必要もないのです。一人の男と一人の女が親になる。それは彼らが善いからとか悪いからではなくて、彼らが男として女として絆を持つからです。親になるにはこの方法以外にないのです。

ですから子供は、両親から与えられたままに生命を受け取らなければなりません。親は何かを足すこともそして引くこともできませんし、子供が何かを足すことも、そして引くこともできません。両親がくれたままの生命を受け取る以外の選択はあり得ないのです。

それはむしろ、親に対して言うべきことではないですか。親に対して、子供にはこの類のことは一

切言うべきではない、そして大人の領域と子供の領域を分けなければならないと言うべきではないですか。

もちろん。もし子供が親の秘密事項に惹きつけられたとしても、その子供には個人的な罪はありません。それでも作用は同じです。単純にそれが起こってしまえば、子供が本来取るべきでない立場に立ってしまうことには変わりがないのです。親に言うべきだという点では、私はあなたにまったく賛成です。昔は親の世界と子供の世界がより離れていました。現在、友達のような親子の関係がよく見られますが、これは子供にとって良い環境ではありません。

同セミナーでのもう一つの事例は、女性の以下のような状況説明から始まりました。

クライアント　二十五歳の時、甲状腺腫の手術を受けました。五年前、胃の手術を受けました。そして常に慢性気管支炎もあります。

ヘリンガー　あなたは結婚していますか。

クライアント　いいえ。

ヘリンガー　あなたは今何歳ですか。

クライアント　三十五歳です。

ヘリンガー　あなたの家族に何か特別な出来事がありましたか。

クライアント　私は父に虐待されていました。母にそのことを言いましたが、助けにはなりませんでした。母は「誰にもいっちゃだめよ。でなければお父さんが牢屋に入れられてしまうから」と言ったのです。だから私は黙りました。

ヘリンガー　分かりました。お父さんと、お母さんと、そして兄弟は何人ですか。

クライアント　男兄弟が二人、そして男の子――生まれて三日で亡くなった母の初めての子供がいます。

ヘリンガー　彼は何で死んだのですか。

クライアント　真っ青になって、それから死んだそうです。

ヘリンガー　まず、家族全員を布置しましょう。お父さん、お母さん、そして子供たち。

（クライアントは代理者を選び、それぞれの関係に基づいて配置し、席に座りました。バート・ヘリンガーが代理者に質問をはじめました）

ヘリンガー　お父さんは何を感じていますか。

父の代理者　隣に妻がいるという感覚がまるでありません。私と娘との関係は意識できています。

ヘリンガー　妻はどんな感じですか。

母の代理者　近すぎる感じです。そこにいる子供が、なぜか問題に感じます。彼女の位置が遠すぎる気がします。居心地よくありません。この子のもっと近くによりたいです。

ヘリンガー　娘さんはどうですか。

クライアントの代理者　手がとても熱いです。攻撃的な思いと怒り、そして何か不安を感じます。

ヘリンガー　（クライアントに向かって）では、死亡した息子の代理を加えてください。

（娘に向かって）何か変わりましたか。

クライアントの代理者　ずいぶん楽になりました。守られている感じです。もう、一人ぼっちではありません。
父の代理者　はい。息子とのつながりを感じます。
母の代理者　私はただ、この子のそばに行きたい。
ヘリンガー　あなたの娘のそばですか。
母の代理者　はい、そうです。
兄の代理者　ぼくは弟を含んだこの家族を一つの集合体にしたい。
ヘリンガー　（死亡した子供に向かって）あなたはどんな感じがしますか。
死亡した子供の代理者　死んでいる感じです。
ヘリンガー　その通り。
（クライアントに向かって）あなたのお母さんの家族で何がありましたか。
クライアント　母の姉は八歳の時に外国へ行き、それっきり戻りませんでした。
ヘリンガー　八歳の子供が一体どうやって外国に行くことができたのですか。
クライアント　一種の交換留学のようなものでした。
ヘリンガー　八歳の子供が？　奇妙なことですね。
クライアント　ええ。彼女はハンガリーとスイスの間の国際交流のような形で行きました。スイスでのホームステイ先のカップルが、姉をこのままここで育てたいと祖父母に懇願したのです。祖父母には子供が十分いるじゃないかと言って。そこで祖父母が…
ヘリンガー　説明はそれで十分です。あなたのお母さんは何処に行きたがっていると思いますか。

お姉さんの所です。

この事例もまた、家族システムから引っ張り出されている母親…ですか。

姉が里子に出されたので、（母である）妹も立ち去りたがっている。彼女はお姉さんの後を追いたいのです。

兄弟間はとても深い愛と絆でつながっています。兄弟のうちの誰か一人が不幸に遭うと、他の兄弟もその不幸な感情を反映して生きます。もし一人がハンディキャップを背負って生まれてきた場合、他の兄弟も、自分の生を十分に受け取る自由がないと感じることがよくあるのです。

あなたは母の原家族に何が起こったかと尋ねましたが、父親の原家族のことは尋ねませんでした。思い返して見ると、父親が子供を虐待していたはずです。

このクライアントが配置した家族図を見た時、問題は母親の側にあることが見えたはずです。幼児虐待の場合、たいてい加害者は二人います。見える存在である表面上の加害者（このケースでは父親）と影の加害者です。ですから、この双方の加害者を視点に入れない限り、虐待のケースの解決策はあり得ないのです。今ここでこのことに触れるのは誤解を招く危険がありますが、このケースでは、おそらく母は、姉を追うために夫や家族から離れたがっていたでしょう。そのことで母は罪悪感を持っていたので、夫が娘に向かうことを黙認したのでしょう。彼女の代役として。

ずいぶんと挑発的な発言ですね。母親が実はその虐待の要因を作っているという意見には、性的虐待の被害者支援をしてきた多くの者たちが怒りだすことでしょう。

もちろん私は父親に罪がないと言っているわけではありません。父親を免罪するのは大きな誤りです。私の要点は単純なことで、関わりのある人すべてを含んだ図を見なければいけないということです。子供が父親に対して怒りを表すだけでは解決として十分ではないのです。幼児虐待においては両親はたいてい共犯者であるということを、少なくとも今までの体験から確証を持って言うことができます。彼らの間にはある種の密約があるのです。

あなたが言っていることは、分析的な訓練を受けてきた者の耳には、とても奇妙に響きます。人によっては、あなたは様々な仮説を作りあげているだけだと言うでしょう。どうやってこのようなことが分かったのですか。

クライアントとワークをしてきた中で繰り返し見てきているのです。ファミリー・コンステレーションで見てきているのです。何よりも、表向きの加害者を攻撃したことによって生じた、ひどい結果を何度も見てきたのです。

罪を犯した相手への攻撃だとしても。

□　加害者と被害者

そうです。なぜなら子供は、それでも加害者である親に対して忠実であろうとし、自分自身を罰するからです。たとえその子供が自分を罰することをしなかったとしても、おそらく後に、その子の子供がその衝動を受け継ぐことでしょう。このように罪悪感が世代を超えて引き継がれることがよくあります。以前、私が受け持った精神科医のためのコースの中で、以下のような事例に出会いました。

一人の女性の精神科医は、父親にレイプされた体験を持つ女性の患者について語りながら憤慨していました。私は彼女にその家族の布置を立てるように言いました。その後、私は彼女にもセラピストとしてちょうど良いと感じる位置に立つように言いました。彼女はクライアントの隣に立ちました。するとその家族のメンバーは皆、セラピストに対して怒りを覚え不信感を抱きました。次に、私は彼女に、その悪事を行った父、つまり加害者である父の横に立つように言いました。彼女がそうすると、その家族システム内の者すべてが安堵のため息をつき、彼女に対して信頼感を覚えました。

このケースが明確に示唆しているように、セラピストはシステム内で排除されている者とつながらなければならないことを私は発見しました。この位置からのみ、セラピストは、システムの混乱した状況を改善する手助けができるのです。セラピストが犠牲者の肩を持ち一緒になって怒ったりすることは、そのシステムにいるすべての者にとってマイナス効果にしかなりません。

私は、こうあるべきだと考えてこのようなことを言うのではありません。これはただ単に、今までの体験そして観察から私が学んだことであって、結論はファミリー・コンステレーションから引き出されたものです。もし、誰かが私と違う見解を持ち、それがクライアントにとって助けになるのであれば、私はその人の言うことに何ら異論はありません。私は、他の者がどのようにするべきかというルールを作るつもりはまったくありません。

つまり、確固たる理論ではないということですね。

まったく。この虐待関連のことにおいても、それ以外のことにおいても。私はその場で起こっている現象を扱うのです。つまり、何が助けになるのかのみに焦点を合わせ、それを試すだけなのです。何か効果ある方法を見つけた時、仮説を立てます。しかし、それだってケースごとに変化するものです。

では、どのようにして何が助けとなるのかを見極めるのですか。

代理者たちの表情で分かります。解決にたどり着いたとたん、代理者一人ひとりの表情は輝き、緊張が解かれ、システムに属する者すべてがリラックスします。これは、すべての者を同時に喜ばせることはできない、という古くからの言い伝えに真っ向から反しますね。ファミリー・コンステレーションでは、家族メンバーのすべてが喜んでいることが、解決したことの証です。一人ひとりが正しい位置にいる時、一人ひとりがその人にとって最も重要であることに忠実である時、そして一人ひとりがその人自身の人生を生き、他者の妨げとなっていない時、すべての者が尊厳と自尊心を持ち、そして心地よいのです。それが解決するということです。

以上、ラジオのインタビューからの抜粋による。

2 「ありのままに敬意を表す」現象学的心理療法

"I BOW TO WHAT IS" PHENOMENOLOGICAL PSYCHOTHERAPY

□ ただ見るということ

あなたは先ほど、あなたの心理療法は現象学的だと言いました。あなた自身は、どの系列のセラピーに属していると思いますか。

現象学は哲学的手法です。私にとってそれは、自分自身をより大きな流れとつながりの中に委ねることです。その大きな流れとつながりとは何かを理解しようとせずに。私は、助けようとか証明しようという意図を持たず、ただファミリー・コンステレーションで起こることをそのまま受け入れます。何が起こるかを恐れず、ただ従います。確かに残酷なことが明るみに出ることもありますが、それが私を恐れさせることはありません。私はすべてありのままに直面します。

ファミリー・コンステレーションをする時、私は家族システムに属するすべての関係者の存在を見ています。もちろん、その場に配置されていない人も含めてです。すべての者を視点に入れて、コンステレーションの中に自分自身をさらしていくと、そこに見えている現象の裏にあるものが何であるかひらめくのです。

たとえば、突然、布置の中に一人の子供が殺害されたのではないかとひらめくことがある。これは目に見えるようなものではありません。現象の背後にあるものですから。布置の中の一人ひとりの行動のつながりを説明するために欠くことのできない要因が、なんらかの形を持って立ち現れるのです。この欠くことのできない本質的な要因が瞬時に見えることは少ないのですが、じっくりと現象を観察することを通して明るみに照らし出されます。これが現象学的アプローチです。

このアプローチは心理療法の一つの学派や学説からきているわけではありませんし、一つの学派や学説を作ることもできません。なぜなら、これは予め誰かが設定したことに沿って行われるものではないからです。セラピスト一人ひとりが目の前にある事象に参加し、意図や恐れを持たずに立ち向かうということを学ばなければならないのです。そうすれば一人ひとりが向き合っている現象において、瞬間的なひらめきが得られるのです。

そのように現象と向き合う時、ある特定の枠組みが必要ですか。

はい、限界または境界線があることを知らなければなりません。たとえば、私がある家族の問題と向き合っているとします。または良心や罪責感にまつわる事柄に向き合っているとします。私の注意は、これら特定の現象のみに絞られていなければなりません。すべての事柄を一度に見ることはできません。それは不可能です。一つの枠組みを持たなければなりません。

□　愛

どのようにしてあなたは、現在の理解にまでたどりついたのですか。何が起こっているかを何によって理解するのですか。

まずは体験からです。その後に説明がきます。現象を扱うということに関連して、かつて私が頻繁に行っていた、六人グループのエクササイズの話をしましょう。

そのエクササイズでは、五人が半円形に座り、六番目の人がその前に向き合って座ります。五人の人たちは、六番目の人を、最大限の気づきを持って包み込むような眼差しで見つめます。五人に課せられていることは、その人を非難することなく愛を持って見つめることです。そして、六番目の人の本質が「見える」まで待ちます。しばらくすると、突然、一人ひとりに、この人の本質がつかめたと感じる瞬間がやってきます。それをお互いシェアします。おもしろいことに、見つめられていた人自身にも変化があったことが、皆の目にも明らかになります。このことから、気づきは、その人の本質を感じ受け取るだけでなく、エネルギー場を創り、外的な変化も作り出すということが分かりました。このエクササイズに参加した者にとって、これは仰天するような体験でした。

このエクササイズから、現象学的なアプローチのガイドラインをいくつか導き出すことができるでしょう。

まず第一に、気づきには愛が必要であること——そのままのその人を、つまりその人の運命、家族、問題すべてを含めたその人を受け入れる姿勢がなければなりません。

第二に、一定の距離感がなければなりません。もしあなたが、その人が抱えている状況に飛び込んでいこうとすれば――多くの人が助けたいばかりに、よくしてしまうことですが――気づきの状態を保つことができません。気づきによる深い結びつきは、健全な距離があって初めて可能になるもので、密着した関係では到達できないのです。今、私が話している気づきは、個人的な意図を持ちません。ありのままの事実と、ありのままの作用をそのまま包み込むだけ――それ以上何も必要ありません。

□ ありのままの全体を見る

個人的な意図を持たないとは、投影をしないこと、そしてクライアントの中に湧き起こる感情を持たないということですか。

最初に、助けようという意図をあなたの中から排除することです。これが第一にクリアすることです。第二は、脅威な状況に恐れずに直面することです。私がある状況に対して見えたまま発言をすることは、しばしば私をおびやかします。周囲から非難を受けるからです。

個人的な意図を持たず愛を持ってクライアントと向き合うならば、そこからは喜ばしいことしか現れないだろうと、単純に私は考えてしまいがちですが。

いいえ。必ずしもそうではありません。最近あった例を挙げましょう。若い男性が私のコースに参加していました。私は彼を見て、彼はそう長くは生きないだろうというイメージを持ちました。（ファミリー・コンステレーションの中で）彼はある方向を向いて一点を見つめていましたが、それをみていた私の中に不意に、彼は死を見つめているのだということが見えてきました。そこで私は彼に、その方向を見つめたまま「もう少し時間をください」と言うように促しました。これによって彼は深いところにある強さとのつながりを取り戻したのです。しかし私がこの話をすると、たいてい「ヘリンガーはあの若い男を死に駆り立てている」という反応が返ってきます。もちろん、実際にファミリー・コンステレーションのワークの場で起こったことを体験したわけではなく、この話だけを聞いたとしたら、もしくは読んだだけだとしたら、ひどいと感じるでしょう。ただ、実際このように、喜ばしいとは言い難い状況にも遭遇します。それに対して、恐れずに直面しなければならないのです。

先ほどの六人グループでのエクササイズの話で、あなたは、愛を持って人を見つめなければいけないと言いました。しかし実際には、それをすべての人ができるわけではない。ある人は攻撃的な思いを抱くかもしれない、またある人は自分自身の問題を投影するかもしれません。

知らない人に対してのほうが、容易《たやす》く愛を持って見つめられますね。愛を持ってというのは、相手から何も求めないということではありません。この意味は、単純に、批判の念を持たずありのままのその人を受け入れるということです。たとえば、あなたがもしこのような眼差しで木々を見つめたとしたら、あなたは一つ一つの木がそれぞれゆがんだりそっぽを向いて育ったり、いかなる成長の仕方をしていたとしても、そのこととはまったく無関係に美しいと感じることでしょう。人に対しても同じことです。愛とは悟ること、そして認めることです。ありのままを、美しい、そして喜ばしいと。

□ 効果

このような姿勢でいれば、成長を育むエネルギーのような様々な種類の気づきや変化をもたらす力とつながることができます。解決がこのような気づきから導かれる時は、とても直接的な効果をもたらします。このような時、ファミリー・コンステレーションの代理者の表情が瞬時に明るくなることが見て取れるのです。

時に私も、自分の気づきに確信が持てないことがあります。そんな時私は、試してみるのです。もし代理者たちの表情が明るくならないようであれば、私の所見は、それがたとえどんなに思慮に富んだものであったとしても価値がありません。もし代理者の顔に光が稲妻のように走ったら、私の気づきが的中したことのサインです。そしてそこから何かが動き始めます。私がその人の前向きなエネルギーと調和しているからです。いったんその前向きなエネルギーとつながったら、私はそれ以上何もすることはありません。

□　対立し合うもの

どうしてですか。なんだか、魔法みたいな話ですね。

ヤコブ・シュタイナー(注1)(Jacob Steiner)がかつて書いたことをお教えしましょう。彼は、ある概念はそれに対立する別の概念との関係においてのみ成立する、と言いました。つまり、私たちは常に、対立関係の枠組みでしか物事を認識しない、ということです。これをヘーゲルは弁証法と呼びました。この枠組みにおいては、ある見方(テーゼ)は、常に、それと対立する見方(アンチテーゼ)が欠陥を暴露することによって、力を失ってしまいます。つまり、この枠組みにおける思考では、すべての事柄を相対的に見てしまうという危険性があるのです。これによって、あるテーゼは、そのバイタリティを失うのです。

例をあげましょう。もし、愛に対立するものとして憎しみを概念化し、両者に同じ重みを置くなら、愛そのものは純粋に見られることがなくなり、愛は憎しみによって本来の力を奪われてしまいます。あることを明確に見るためには、そのアンチテーゼから、引き離して見ることが必要なのです。

現象学的な見方は、弁証法的思考ではありませんから、これとは違います。対立し合うもの同士は、気づきの中で一つの単位となります。善と悪はその例ですし、対立している政治的な運動もそうです。ですから、ファミリー・コンステレーションの現象において現れる、一見対立するかのように見える供述は矛盾しえないのです。私が発言すると、多くの人が即座に「だけど、そうでないかもしれないでしょう」と反発します。これはテーゼを壊すアンチテーゼです。しかし、真のアンチテーゼとは、新しい気づきです。たとえば、もし私がある秩序について何か発見したとします。そして、他の誰かがもう一つ別の秩序を見つけ、私にそれを伝えるとします。これは私の知を深めることになるのです。新しい認識は、私のそれまでの認識を覆すアンチテーゼではなく、むしろその二つが合わさってシンセシス（synthesis、綜合）を形成するのです。通常のアンチテーゼが持つ最も破壊的な側面は、それがなんら新しい気づきに基づいたものでなく、ただ頭の中で作られたものであるということです。

何が私たちをアンチテーゼに駆り立てるのでしょう。

アンチテーゼは、私にある幻想を与えてくれます。それは、自分が願うとおりに考える力が私の内にあるという幻想です。何か新しいものが提示された時はいつも、実際はどうであるかということに囚われずに、アンチテーゼを作り上げることができます。これは私に自由である感覚を与えます。そしてこのことは、私が自分自身では何も建設的なことはせずに、他者を問いただし、破壊したりすることを私に許すのです。

もし私がワークを現象学的に行い現実を現れるままに語るなら、私はその現れとは何か違ったことを考え、あるいは期待するという自律性を放棄することになります。私がしているのは、それなのです。私はありのままの現実に敬意を表します。そうすることで、私は自由に行動する力を得ます。アンチテーゼを作ることは、私にありのままを見る自由ではなく、物事を空想する自由を与えてくれます。しかし、そのような自由を持つことで何が達成されるというのでしょうか。

□ 自由

今の発言には、とても混乱させられます。あなたの自由の理解は、十八世紀の啓蒙主義以降の自由の考え方と根本的に違うようです。あなたの言い分は、人間は自由ではなく、むしろ……

私たちの自由は限られています。私たちは様々な道を選ぶことはできますが、道そのものはすでに敷かれているのです。たとえば、私は基本的な秩序に背いて進むことを選べますが、そうしたことによって背負うだろう結果をコントロールすることはできません。なぜなら、それらはすでに与えられたものだからです。この意味において、自由とは、自分自身の行動の結果と直面することを前提とします。これができて初めて、私は行動できるのです。

私はさまざまなことを考える自由を持っています。しかし、もし私が存在しうるすべての可能性を考えたりしたら、行動を起こすためのエネルギーがどれだけ残ると思いますか。もし、私が本質を見極めつつ現象学的に進むならば、十分なエネルギーとゆとりを、行動を起こすために傾けることができるでしょう。私はこのように限定された中で、自由を経験しています。

自由という幻想についてお話したついでに、私たちの間に広まっているもう一つの幻想についてお話したいと思います。一般に「十分に長い間、悩み苦しんだのだから、正しい結果に決まっている」などという考えが広まっています。しかし、これも幻想です。次へ進む時が来ているということを認める代わりに、苦しみを正当化していることです。

□ 人間性を信じる

あなたはかつて、カトリックの宣教師でした。あなたのセラピーはとてもカトリック的で、聖書の解釈をセラピーに置きかえていると批判されてきました。カトリックの組織を離れたことの影響についてお話していただけますか。

今の私は、カトリックの枠組みを超えました。私はカトリックから分裂したのではありませんし、誰かに対して不満があったわけではありません。それは過去の一部分でしかなく、たくさんある信仰の形の一つでしかない。今の私には、それは過去に属します。私は前進してきました。今の私にこの過去の体験が与えてくれている良い影響は数知れずありますが、私はこの過去にしがみついてはいません。

今でも友好的な関係を持っているカトリックの司祭はいますし、彼がしていることを尊敬しています。世の中に司祭が一人も存在しないなんて、われわれにとって大きな損失だと思います。ただ、すでに私が関わる領域ではないのです。私は彼らのあり方を尊重することで、彼らをサポートしています。

宗教的な組織を離れ心理療法の領域へ進むにあたって、あなたの価値観は変化しましたか。

はい、心理療法をしてきた過程で出会った様々な体験は、私に深い影響を与えてくれました。たとえば、原初療法を学んでいた時、クライアントの身の上に起こった残酷な出来事の話に、セラピストがただ単純に心を動かされて涙を流すという姿を見てきました。私は、セラピストが他者に対して何の見返りも求めずに、そこまで深い慈愛の感情を持つことができるという事実に圧倒されました。

南アフリカの公立大学で学んでいた時、私は、何ら特定の宗教に属していない人たちがなんて善良なのだろうと、驚いたことを今でも思い出します。私の中には、人が善良であるためには、つまり、人が脇道にそれないようにモラルを保つためには、信仰心は不可欠だという考えがありました。しかし、それは間違いでした。事実は反対で、私は、信仰や懺悔の習慣を持たないけれども、それらを持つ人に比べてよっぽど感情に対して敏感で配慮のできる人びとに、たくさん出逢いました。この経験を通して私は、人間として真の尊重、そして尊厳とは何かを学びました。これは、「隣人を愛し尊重せよ」と、どこかに書かれていることで達成されることではありません。

（注1）Steiner, Jacob (1969). Rilkes Duineser Elegien (2d ed., p. 78.) Francke.（原注）

3

誰もが皆それぞれにもつれている

"EVERYONE IS ENTANGLED IN HIS OR HER OWN WAY"

□ 良心の役割

あなた独自のファミリー・コンステレーションという手法を確立する過程で、カトリック的な背景は影響しましたか。

いいえ。最も決定的だったことは、現象学的アプローチによって、良心の役割について発見したことです。

長年私は、良心とは厳密に言うと何であるかを問い続けてきました。そして、良心的であることはどういう意味であるか、それは良い結果をもたらすものなのか、それとも悪い結果をもたらすものなのかということを問い続けてきました。

良心の働きの一つとして私が観察してきたことは、良心は集団の外にいる者への愛を禁じるということでした。これは私にとって大きな発見でした。これは、自分が属する集団の外の者を愛し、尊敬し、尊重するには、良心の枠を超えなければならないことを意味します。この洞察は私の手法において基本となっています。この認識は現象を注意深く観察したことから得たもので、なにか特定の教えや伝統からきたものではありません。

□ 罪悪感と潔白感

どうやってそれに気づいたのですか。

長年、罪悪感と潔白感の作用を観察してきたことからです。まず、人がこれら二つの感情をどう体験するか——つまり、ある時ある人が罪悪感を持つのか、それとも潔白感を持つのか——は、状況によって変化するのですが、それが、その人がその時に属している集団の良心と関係していることに気づきました。つまり、良心とは、ある特定の領域内で限られた集団内の人びとに作用するもので、その集団内の人びとの日々の行動に大きな影響を与えます。良心という言葉は単一のものを指すのではなく、複雑な心理形態の総称です。良心には神のような圧倒的な機能はなく、大きなコンテクストにおいて何が善であり、何が悪であるかを教えてくれるものではありません。

その良心が持つ特徴が、あなたのセラピーではどのような意味を持つのですか。

私が観察してきたことを一つお話しましょう。まず子供は、その子の家族と親密につながっています。子供にとって起こり得る最悪の事態は、家族から締め出されてしまうことです。これが基本です。子供は自分の家族への帰属感を持っています。家族は、子供が属したい場所であり、運命を共にしたい場所です。その家族が持つ運命がいかなるものであったとしても。それゆえ、子供は、家族への帰属を守るためなら、まったく自分自身を省みずに何でもします。この愛の行為は、生き残りのための戦略とは違います。なぜなら子供は家族の誰かのために死ぬことさえも惜しまないからです。絆はまったく無私であり、ある特別な気づきによって動かされています。子供は家族に属するために、何をしなければならないか、何を許容しなければならないかを、本能的に知っています。これは純粋に人間特有の性質とはいえません。犬さえもこれらのことを知っているのですから。

絆がある場所ならどこでも、帰属を守るための自動的で本能的な気づきがあります——属する権利がおびやかされないために、何がなされなければならず、何が許容されなければならないか。この独特の気づきが良心の働きによるものなのです。人類が一つ以上の集団を構成している限り、一つ以上の良心が存在します。

違う表現を使いましょう。良心は、集団が違えば機能の仕方も違うと言えます。良心の機能は、父と母に対する関係において始まります。皆さんは父を喜ばせるために何をすべきか明確に知っていますし、母を喜ばせるためには他の何かをしなければならないことも知っているでしょう。この両者にはそれぞれ異なった基準がありますから。しかし、すべては「私は属しているか」という一つの関心に集約されます。これが絆の良心です。

子供は学校に通い始めると、同世代の集団や、その他の活動に属します。そして一時は極端な右翼的もしくは左翼的な集団にも属するかもしれません。そしてその一つ一つの集団において、その集団の良心に従って振舞います。それぞれの集団の目的は異なり、構成する者の層も異なりますが、集団に作用する良心の働きという点では同じです。目的が何であれ、またメンバーの層が何であれ、すべての集団において、個人が持つ命題は同じです。つまり、「ここに属するために、私は何をしなければならないだろうか。そして、このグループにおいて居場所を確保するために、避けるべきことは何であろうか」という問いです。罪悪感とは、単にこの帰属の権利が失われてしまうことを恐れる何らかの原因がすでにある状態を指します。明瞭な良心または潔白感とは、単に帰属の権利喪失の危険がないことを指すのです。今お話したように良心を理解するなら、帰属するために励むというのが、私たちのすべての行動の背後にある衝動です。良心的であるとは、神的であるとか超越していることなどとは、まったく関係ありません。個々の集団が何が彼らにとって良いことであるかを決める。つまり、何が良心的であるか、何が許容外であるかは、それぞれの集団が定めているのです。

宗教であれ政党であれ、集団に属しているメンバーは皆、同様の感情を抱いていて、同様に良心的です。メンバーは皆一様に、自分がその集団に属するための基準に満たないのではないかという恐れを共有しています。その集団の目的や内容が何であるかはまったく関係ありません。

このことに気づいたことは、私にとって飛躍的な一歩でした。この気づきによって良心をより客観的に観察することが可能になりました。

聞き方によっては、今のあなたのお話はカトリックのドグマからの離別、そして個への歩み寄りとも受け取れます。

離別ではありませんね。私はその価値を今でも認めていますから。ただ単に、それが絶対ではないのです。時に私は、私の家族への忠誠心からその教えを守ることもあります。マルチン・ハイデッガーがある教会へ行った時、彼はすでにその時、その信仰から離れていたのですが、指を聖なる水に浸しひざまずいたという話をかつて読んだことがあります。これは自分がどこからきたのかを認めるという行為です。私はこれを立派な行為だと思います。彼は彼自身を正当化せず、彼のルーツを承認することができたのですから。

すべての集団は、表むきの姿は異なりますが、人類の基本的な価値を反映しています。もちろん、強いカトリック的な背景を持つ私がこのような世界観へ移行することは簡単ではありませんでしたよ。

何が変わりましたか。

今までの文脈からいうと、私はもうそれほど、良心的ではありません。

□ 善

では、客観的に良心を捉えることは、どんな違いを作り出しますか。

何が善で何が悪であるかの定義が、良心に依るものでなくなり、良心という概念を超えたものに根ざすようになりました。良心は何が善であるかを識別するガイドにはなりません。何が善であるかは、気づき、観察、そして尊重によって導き出されます。狭義の良心を、善悪を判断するガイドとすることをやめた時、私には一人ひとりがそれぞれの方法でつながっていることが見え、それぞれがそれぞれのあり方において善であり、それぞれの魂がそれぞれのあり方でもつれていることが見えるようになりました。

魂のもつれが原因で個人が行う行為は、時にとてつもなく悪であることがあります。しかし、私はただその人には魂のもつれがあるのだと認めることができます。この時、多くの価値基準は脇に置かれます。これは愛情のゆえにではなく、深い洞察によるものです。これが最も大きな違いです。私は決して、誰かを愛するための段取りをしているのではありません。私は人を、その人がいる場に、ただそのまま尊重と敬意を持って見つめ、介入することなしに置き去ることができるのです。それと同時に、このように人間の良心というものを見ることによって、個人にはいつも限界があるということが見えるのです。だからこそ、私は私自身の中にある、他者にどうあってほしいという類の欲求を手放すことができ、また他者に対して、より気構えずに向き合うことができ、そしてその人が、そうありたいように放っておくことができるのです。

□　良心と超自我

言い換えれば、超自我は一つだけではなくて、たくさん存在するということでしょうか。

その通りです。それは、ある特定の瞬間、あなたがどこにいるかによるのです。

良心とは超自我と同じですか。

いいえ。なぜなら、超自我のメッセージは聞くことができるからです。超自我は内面化された他者と関係していますが、良心はそれを超えるものです。良心はあなたが聞こうが聞くまいが、あなたに作用します。

ボディー・セラピストの中には、子供は親の体の癖を引き継ぐと主張する人びともいます。親と子が同じような呼吸障害を持っている、同じように前かがみになって歩く、同じように横隔膜に障害があるなど……。これらは、あなたが良心について説明したことと同様のことが、体のレベルで起こっている現象といえるのでしょうか。

その通り。そうやって人は集団に属するのです。同じように行動し、同じように息をすることで。目の不自由な親を持つ子供は、彼ら自身もあたかも目が見えていないかのように振る舞います。実際は見えていても。このような例から、いかに絆というものが、無意識に作用する深いものであるかが分かるでしょう。

あなたは先程、超自我は良心にくらべると、より意識的に働くと言いましたか。

良心は超自我よりも広範囲に作用します。超自我の管轄内にいるとき、人は「これをすべきだ、これはすべきではない」という声を聞きます。しかし、良心からこのような言葉は聞きません。なぜなら、個人はすでに、根元的なレベルでするべきかしないべきか、イエスかノーかを知っているからです。

それが絆の結果である良心ですね。では、罪の感覚はどのようにして表に出てくるのでしょうか。

罪悪感とは、今まで話してきたような良心に起因するもので、帰属する権利を失ってしまうことに対する恐れです。反対の潔白感は、帰属する権利として体験されます。これは名誉とも呼ばれます。ある人がある集団において名誉を与えられた時、その人はその集団に帰属しているという感覚を強く持つことでしょう。

□ 良心とバランス

今までは、集団への帰属と関係する罪悪感についてお話してきましたが、これとは異なる種類の罪悪感があります。それは受け取ることと与えること、利益と損失のバランスと関係しています。受け取ることと与えることのバランスを求める動きは、深い魂の次元から来るもので、受け取った者に与え返す必要性を感じさせます。これが、集団のメンバー間の授受のバランスを保ち、まとまりある集団を形成するという重要な社会的機能を果たしています。このバランスが崩れることは、罪悪感を生み出します。

受け取ること、そして与えることのバランスについて、説明しましょう。仮に、愛し合っている男と女がいたとします。この男と女は双方ともどちらかというと、他者から受け取ることが多い家庭環境で育ち、彼らは受け取ることが習慣になっていたとします。この男女が共に生活をすることになった時、直感的に相手がどれだけ与えることができ、そして受け取れるのかを感じることでしょう。私が誰かと深い関係にある時、私は相手がどれだけ受け取ることができ、そして返すことができるのか正確に分かります。この直感が、新しいパートナーシップにおいて、授受の質とレベルを決定します。私が与えることができるのは、私のパートナーが喜んで受け取ることができる量、そして返すことができる量に限られます。パートナーシップは、どちらか一方が与えすぎて、もう一方がそれを均等化できないと危機に直面します。ですから与える量は、常にお互いが均衡を保てる可能な能力の範囲内でなければなりません。

もう少し説明を続けましょう。ハンディキャップを背負った女性と結婚した男性の場合、男性は自動的に、パートナーよりも与える立場に立つことになります。これは、同じだけ返すことができない女性にとって、不愉快なことです。この関係は、より高い次元でバランスを取る方法へと移ることが必至です。受け取る側——このケースではハンディを持った女性——は、与えられたものを慎んで受け取り、「はい、あなたは私が返すことができる以上のものを私にくださいました。私はこれを特別な贈り物として受け取ります」と言う必要があります。この場合、このように承認するということが、バランスを取り戻すことになります。与えること、そして受け取ることのバランスがとれていない関係は、長く続かないでしょう。

たとえば、私が他人から何かを受け取ったら、私は借りがあると感じます。この時に感じる罪悪感は、集団的良心に沿わない行為をした時に感じる罪悪感とは違うものです。この時に感じる罪悪感は、義務として感じるものであり、潔白感は、義理や義務からの解放感として感じます。

その罪悪感とか義務感はどの位の範囲において感じられるのでしょうか。

このように日常の活きた関係における原則が適応されるのは、明確に特定できるグループ内に限ります。大ざっぱに言いますが、集団の大きさとしては二十名前後が限界でしょう。これが義理からくる罪悪感や、その反対の潔白感を感じることが可能なサイズです。私たちはこのような感覚を、たとえば政府のような存在に対して強く感じることはありません。だからこそ、友達からお金を騙し取ることなど考えられない人が、平気で税金をごまかすことができるのです。

では、匿名性が高い関係であればあるほど、義務感やそれに付随する罪悪感も薄いということですね。

その通り。この原則は本当に限られたレベルでしか機能しないのです。しかし、時にこの枠組みを超えて適応されてしまうことがあり、それが人に害になることがあります。たとえば、運命的な出来事によって予想外の利益を得たりすると、その人はその運命に対して、受け取ったものを返さなくてはならないように感じてしまうことがあります。

大災害や大虐殺などで多くの者が死んだ時に奇跡的に生き残った人、たとえば、ユダヤ人の強制収容所から生還した人たちの中に、このような感覚を覚えてしまう人がよくいます。結局、そのような人は、新たに人生を受け取ることを自分に許すことができず、自分自身を束縛してしまうのです。多くの他者が死んだ中で、自分だけが生き残ったことに対して罪悪感を持ってしまい、自分自身の生を限定することで借りを返そうとするのです。バランスを保とうとする動き、与えられたものに対して返そうとする必要性が、この場合、現実味がない次元へと移行してしまい、不適当なものとなってしまうのです。

□「公正な」神

同様のことは、神との関係でもしばしば起こります。ここでは、公正な神に対して借りを返そうという欲求となり、神を鎮めるための行為となります。そうなると、神は支払われたら与える、という存在になります。明確に特定できる、やや小さめの集団の中でのみ適用できる原則が、このように現実的に把握不可能な領域まで持ち込まれると、完全に滑稽なものとなってしまいます。

神に公正さを要求することは、同僚や仲間同士の間にある受け取ることと与えることのバランスへの要求を、適応不可能な領域へ転送する行為です。もし私が神のために何かをするとして――司祭になったり、十字架を背負って裸足でローマに行ったり――そういうことをすると、多くの人は私が救われるだろうと信じ、神はそうする義務があると扱われます。しかし、自然の営みや進化の過程で働いている力が、決して公正でも公平でもないことは明白です。私たちが持っている、バランスのとれた正義のファンタジーは、人間特有のものです。だからこそ人間関係において重要なのであり、宇宙規模の原則に対しては完全に的外れなのです。宇宙次元での現実は、私たちの現実の体験と反します。

□　愛とバランス

では、与えることと受け取ることのバランスの必要性はどこから来るのですか。

どこから来るのか、私は知りません。でもこの衝動がなかったら、おそらく人類はコミュニティーを構築していないでしょう。バランスを求める力が、私たちが共に生きることを可能にしている、このことにおいて意味があり尊重されなければならないでしょう。

しかし、これは人びとの相互の同意の上で成り立っているわけではない。つまり、社会的行動ではない。

同意は必要ありません。なぜなら直感的に私たちが感じることだからです。

私はこれまでに恋愛関係において、この授受の原則が尊重されていないと、何が起こるのか見てきました。多くの人は、愛することは見返りを求めずに与え受け取ることだと考えていますが、この愛の形は母と子の間にあるものです。母親は無償で子供に与えます。しかし、これは大人同士の関係においてはまったく不適当です。大人の恋愛関係は、相互に与え合う行為が、愛を伴うことで、より豊かになり育まれるのです。さらに言うと、仕返しをするというネガティブな事柄でも同じ原理が働きます。

4

〈良い〉パートナーが関係を壊す

"A PARTNER WHO IS TOO GOOD TO BE NASTY DESTROYS A RELATIONSHIP"

□ バランス、愛、そして復讐

誰かに傷つけられたら、私はそれを返すこと——復讐——へと駆り立てられます。これが成功すれば、バランスは取り戻されます。もし誰かに不当な行為をされ、ただ私がその相手を許したとしたら、私は私自身を相手より上の立場に置くことになり、相手はより悪いことをする以外にこのバランスを取り戻すことができません。

このような復讐におけるバランスの必要性は正しく理解されておらず、宗教やイデオロギーによって時に禁じられていますが、実はこれは重大な社会的影響を持っています。復讐を禁じることは、人類が持つ補償のニーズの侵害です。傷つけられた者が仕返しをする、もしくは仕返しを要求するなどして、不正に対して償われると、双方の関係のバランスは回復されます。しかし、関係を存続させたいのであれば、仕返しや要求の中身は、与えられたダメージより、やや寛大でなければなりません。恋愛関係においては、私は与えるときは受け取ったものより少しだけ多く与え、傷つけられた時は少しだけ少なめに仕返しします。

夫婦間で、たとえば夫が妻に「お前はまったく母親と同じだな！」等の言葉を吐いて傷つけた場合、妻は仕返しとして彼の心を傷つける必要があります。

このように、悪の均衡を保つことが善の均衡を保つことと同様に、関係を構築する上で重要であることを理解するのは、簡単ではないかもしれません。しかし、愛は、善いものは少し多めに、そして悪いものは少なめに返すという取り引きによって、育まれるのです。

かつて私は南アフリカで、大規模なエリート学校の運営に携わりました。ある時、生徒たちは、校長であり司祭でもあった私の限界を試そうとしました。聖木曜日（注1）の当日、生徒たちは授業がないから町へ行きたいと言い出しました。私は同意し、礼拝に間に合うように戻ることを約束させ——礼拝中の演奏には彼らが必要だったので——送り出しました。彼らは夜になるまで戻りませんでした。彼らは私を傷つけたので、私はバランスを回復するために何か仕返しをする必要がありました。この学校には生徒会がありました。その夜、私は生徒会役員を呼び出し、最初の十五分間、彼らに何も言わずにじっと座らせました。次に、この学校の校風は乱れているから回復するための手立てを自分たちで考えるように言いました。この時私が忘れずにしたことは、彼らは私と学校から何かを得ようとしていて、それを得るには、私を彼らの側につける必要があるのだということを思い出させることでした。そして、明日の朝にでも全生徒でこの問題を討議したらどうかと提案しました。次の日、彼らは四時間かけてこの問題を話し合い、一つの案に到達しました。しかし、それは事の重要性に匹敵しない内容だったので、私は却下し、何か他の案を提示するように伝えました。彼らは再び四時間かけて話し合いを行い、次の案を持って戻ってきました。その内容とは、彼らの休日の一日を返上してフットボールの競技場を整備することによって、秩序を取り戻したいというもので、私はそれに同意しました。当日、全生徒が競技場の整備を半日終えた後、私は彼らにこれで十分だから作業を止めてよろしいと伝えました。このようにして、私は彼らに半分のお返しをしたのです。その後、私は二度と生徒指導の問題に直面することはありませんでした。

この話は私の家庭にもあてはまることでしょう。覚えておくことにします。

もし、母親が子供に対して完璧に一貫性を求めたら、愛を失います。母親が、自分自身の原則を少し脇に置くことができれば、愛が伝わります。もちろん、母親が原則をまったく持っていないことは、子供にとって、とても良くないことです。

とてもよく分かります。

母親のほとんどは、これらのことを気づかぬうちにやっています。少しだけ大目に見て見過ごす、そのことで子供は救われているのです。

この善と悪の授受の原則は、小さな集団にだけ当てはまることですか。

はい。小さな集団においてのみこの原則が関係を育てます。善人すぎて仕返しができないパートナーは、関係を壊します。時には、自分を傷つけた相手に自ら進んで意地悪をすることが、関係を修復する上で不可欠なのです。ただ、もし仕返しが目的となり、それに固執し正当化したら、悪はただエスカレートし終わることがないでしょう。

□ 償いの範囲

なぜ、小さなサイズの集団だけなのですか。

この原則が境界線を越えて適用されたら、悲惨な結果を招くことでしょう。戦争を思い起こしてみれば一目瞭然ですね。

明らかに戦争にはこの原則が働いていますね。

小さな集団の範囲を超えてしまうと、境界線が犯されます。ある集団に属する人びと全員が集合的補償を他の集団に要求する時、本来は個人の関係上で働いている原則が、集団全体へ移行します。それが戦争の主たる原因です。結局、平和は、このような補償を放棄することを通してのみ達成されます。それは、双方がお互いにお互いの新しいスタートを認めるということです。

つまり、私たちは社会政治的レベルと個人―家族レベルの違い、そしてセラピストに提示される中間領域の違いを明確に認識することが必要なのですね。言い換えると、あなたがセラピーについて話している時は、小さな集団、明確に限定できる二十から三十人くらいの友人や親類からなる集団について話しているのだ、ということですね。

そうですね。領域を混同してしまうと誤解につながります。人びとにとって補償の欲求を適切な範囲内に制限し、これらの領域での秩序を成就することは困難です。適切な範囲を超えてしまう前提には、多くの場合、「私にとっての善は、人類にとっての善でもある」という思い込みがあるのですが、これは境界線の侵犯であり、多くのダメージを引き起こします。

つまりあなたが今まで言ってきたことは、このように小さな範囲内の関係にのみ適用できるわけであって、この領域内においてのみ意味を持ち連帯を促進するということですね。この範囲を超えると、平和を傷つけてしまう。言い換えれば、善い行い、そして悪い行いとは、特定のコンテクストの中に属するものであって、その枠内にとどめられていなければならない。誰かが世界の問題を背負おうした瞬間に、本来目指したものとは反対の結果を引き起こす可能性が生じる。

その通りです。世の常ではありますが、いつの時代にも、そして世界中のどこにでも、自分自身を他者より優れていて偉大であると考える者がいます。多くの良い意図を持った支援団体が被支援者集団に対して行ってきたことが、おかしな結果を招いてきました。そこには境界線が存在するのです。私はその境界線を尊重します。

かつて私は一人の宣教師として、「気の毒な不信心者」を助けなければならないと考えていました。私はその体験から、どのような時にどのような形で、手助けというものが本当に受け取られるのかを観察してきました。助けようとする者が受け取る者と調和していないことが、いかに危険であるか体験してきました。何よりも大切なことは、相手に対しての尊重の姿勢です。それを伴わない手助けは、多大な危険をはらんでいます。

これまで、二つの種類の良心について聞きました。受け取ることと与えることに関係する良心、それから集団的良心について。他にもありますか。

この他にもありますが、もし私がこれを数え始めたら、それらはいずれ教養として集約されてしまう危険性があります。これは私が収集して要約化することのできない領域です。もし一つのことが明らかであれば、基本的な方向性として十分です。つまり、悪を抑制し善の方向を見ていくことで十分なのです。

悪を抑制し、善の方向を見る？

一人ひとりが皆なんらかの形でとらえられている、または一人ひとりが皆なんらかの形で貢献し、役割を持っている――この二つは同じことを意味するものです――という視点でものごとを見るということです。これは具体的な事象の領域を超える超越的な視点です。もしあなたが、良いことも悪いことも、起こる出来事はすべて広い枠組みの中で関連しているのだと考えるなら、平和を促進させます。そして双方を干渉することなく肯定できるでしょう。もちろん、この視点は想像を超える結末につながるかもしれませんが、しかし、これが私の知る限り最も平和的なものです。

つまり、世界を変えようとしないだけでなく、ありのままの世界の現実を受け入れる。

まさにその通り。同時に愛を持って…。

その愛はどこから見つけられるのでしょう。自然に湧き起こってくるものですか。

習得するものです。行動することから、そして自分の境界を体験することから。私たちは皆、良い意味でも悪い意味でも境界を持っています。愛とは基本的に単純な承認行為、つまり私たちが持っている違いすべてにかかわらず、私たちはとても深い次元で何か共通しているのだということを承認する行為です。

ある人が、ただありのままに認められ受け入れられた時、さらにその人は必要があって今のその状態でいるのだということ、そのあり方以外はあり得ないのだということが承認された時、私たちは最も深い愛を体験できます。ですから一人ひとりがそのままで完全であると言えるでしょう。彼は私とは違う。違うけれども、お互いに、お互いのあり方において完全であると認める。これが愛するということ——抱きしめたりすることより、よほど深いものです。これと比べたら、抱きしめることなどまったく浅い事柄です。

このような深い愛は、生命《いのち》の究極の力と調和していて、宗教的な質を持ちます。宗教とは、測定する必要性のない程の深淵なものとのつながり、と言い替えることもできるでしょう。

□ 神秘

測ることのできない存在、それをあなたは生命の究極の力と呼ぶのですか。

これはメタファーです。たとえば「偉大な魂」とか「何か神秘的なもの」または〈いのち〉と呼ぶこともできます。私が測定し理解しようとしないものです。

それは理屈で解明不可能だからですか。それともあなたが理屈で理解できない残された領域があると考えるからでしょうか。

そこまで考えてみたことはありません。私はただ追究しないでいます。それ以上追究することは、私にとって良い影響を持たないでしょうから。他者のあり方をそのまま尊重し承認することと同じように、私は神秘のベールをはがせと要求することなく、そのまま承認します。この距離感を保つことによって、私はその神秘とつながりを持つことができるのです。

（注1）Maunday Thursday：Good Friday の前日。最後の晩餐を記念する日（訳注）

5 自分自身との調和を。争いへは招かれていない

"AT PEACE WITH YOURSELF, THERE'S NO CALL TO BATTLE"

□ 招かれるということ

あなたは先ほど、良心は属している集団によって左右されるといいました。でも人は時に、属する集団的良心の枠組みを超えて、自分自身の内側からくる声を信頼しなければならない状況に直面するものではないでしょうか。

魂の核心からきていて集団的良心の枠を超えている個人の決断や目的、自分の意志とは関係なく何かに招かれてする決断など、確かにありますね。この招かれている感覚と一体となって生きている人は、深い次元で調和がとれています。

この感覚に逆らっている者、たとえばその招き——使命と言いかえることもできます——があまりに困難に見えるために拒絶している者は、魂の次元の何かを破壊します。どんな困難があろうが、使命を受け入れる行為自体がその人を調和へと導きます。

しかしそれは、他者が関係することではありません。

他者は関係ありません。このように調和の中に生きている人は、たとえ周囲にいる多くの者の意見に逆らう行為であったとしても、確信と共に進みます。他人の承認に依存しません。

たくさんの人がそのような感覚を自分自身の中に持ちたいと願っています。自分自身との調和、または本当の自分、など呼び名は様々ありますが。しかし同時にその境地に到達するのは最も難しいことだと言われています。

さあ、それについて、私はよく分かりません。道は人生の歩みの中に、おのずと現れるものです。それは訓練して到達するものではなく、またそれに向かって努力するようなことでもありません。瞑想によって到達するものでもありません。それらすべて超えています。しかし、招かれている感覚、そして自分自身との調和は、感じられるものであり、誰でも人生の歩みの中で、何度となくそれに出会っています。

意識的に、それとも無意識で?

例として母と子供を思い出してください。子供に向き合っている母親は、ある次元で「たった今この瞬間、私は何か自分自身の存在を超える大きなものと一体である」ということを、絶対的な確信を持って知っています。彼女はただ自分の子供だけを見ているのではありません。表面の次元では子供への愛を感じ、より深い次元では何か究極の覚悟のようなものを感じている。そしてこれらの次元は混ざり合っています（先ほど私は、招かれている感覚そして自分自身との調和は、誰でも日常の中で何度となく出会うと言いましたよね）。今の母親の話について言えば、母として子供に向き合うという行為は、実は子供のみに関わっているだけではなく、母親の内的な自己にも関わることです。この行為を通して母親は確信を体験し自分自身との調和を体験することができます。

でもその作用は――すなわち、内的な確信に基づいた行動は――ほとんど他者に向かいます。

それは事実です。妊娠をしたために結婚することになったカップルについて考えてみましょう。このようなケースで時々、両親が子供に向かって、私たちは妊娠したから結婚したと話すことがあります。そうすると、その子供は両親に対して義務を感じるでしょう。両親が幸せな結婚生活を送っていない場合は特にそうでしょう。この時、両親が「私たちがそのように望んだのよ」とか、「なぜなら私たちは私たちの愛に忠実だったから」と言えたなら、次元を一つ超越することができます。この時点で事は父である一人の男と母である一人の女に焦点が当たり、他者である子供への影響は減少します。この超越した次元では、深いところにある秩序が私たちを招き入れ、それによって必然的な行動が生じます（これは自分自身とそして深い秩序と調和している姿です）。しかしこれらの秩序は形のあるものではありませんから、体系化することもできません。それは成文化された法律と同じような扱いができるものではありません。

□ 素朴

むしろ、ただ起こること。

ただ起こることです。基本的にそれは人間のとても素朴な行いの中にあります。崇高なものや神聖なものではまったくありません。もし、それとイデオロギーを混同しなければ、人は自分自身との調和によってそこに向かっていきます。あなたが自分自身と和解できていれば、ただ単に、それが何なのか分かります。

イデオロギーだけが問題ですか。

いいえ。現代の風潮自体もそれを困難にさせています。現代の風潮の中のある一定の要素は、手助けともなっていますが。

ある人が深い次元で自分自身と和解できていて、この核の部分から決断をしたとします。それでもその決断が、時に他者と対峙することもあると思います。

本当にその人が自分との調和の中にいるなら、決して他者と対峙することはないでしょう。ことによるとその人は、周囲から受け入れられず、尊重されないかもしれません。しかし、もしその人が本当に自分自身と調和していたら、争うことなどないのです。調和している状態では、あなたは自分自身の中心を感じ、深い平安を感じているはずです。それは慰めのようなものではなく、静かに、ただ満ちている。この感覚はまた、つながっていると同時に離れていることでもあります。

それはスピリチュアルな姿勢ですね。

もしスピリチュアルという姿勢がそれ程ありふれたものでないならば、そう呼んでもよいでしょう。もし何かスピリチュアルなものとして特別に探求され始めると、あまりにも当たり前のものとなり、本来の道から外れてしまうでしょう。私が言っている自分との調和とは、最も素朴で最も普通のことなのです。

□ 日常を生きる

でも、最も素朴で普通のことが余分なことに覆われてよく分からなくなってしまう。私にはあなたのこれまでの説明は、仏教や道教の瞑想を通して到達する状態とほとんど同じように聞こえます。

私が話していることは、日常において日々の務めを継続することと関係があります。特別なこととしてスピリチュアルな探求をし、達成感に向かって励む姿には、深い内的な分裂が存在します。ゴールは近い、でもより珍しいものを探求しようとすることで、ゴールに到達する道は閉ざされるでしょう。

瞑想は効果的です――これに異論を唱えるのは馬鹿げたことでしょう――しかし、それは自分がより特別であることを誇示する手段としてではない、という注釈が必要でしょう。自分自身と調和している者は、時に自分を集中させる必要を感じます。しかし、瞑想が調和状態に到達するための道ではありません。むしろ反対なのです。自分自身と調和しているからこそ、落ち着いて平穏の中で自分自身に集中しようという刺激が起こるのです。このような瞑想は、常に何か具体的な行動に向かって行われるものです。だからこそ私は、自分自身との調和に到達するための最も明快な道とは、日常の当たり前の行いを継続することにあると考えるのです。

あなたは「調和」と「日常の行い」という言葉を頻繁に使われますが、どういう意味合いを含んでいますか。

日々することです。最も単純で最も深い行いは、家庭の中にあります。父と母が子供に対してする行い、また子供が親に対してする行いの中にあります。これらが最も偉大で最も深い行為であり、すべての行いの基本です。

自分自身が、父であること、母であること、または結婚していること、子供であること、兄であること、姉であることと調和して、ただ素朴にその「～であること」から生じる務めを果たしている人は、その人自身の自己を完結します。この素朴で単純な行いによって、人は満たされる。このような行いの中には、何か偉大なものと静かに調和している感覚があります。そこには、プロパガンダ、教義《ドグマ》、公式、道徳的な要求など一切ありません――これらのものはすべて、調和の中では意味を失います。

6
偉大さは日常の中に

"GRAETNESS LIES IN THE ORDINARY"

□　瞑想とスピリチュアルな道

瞑想とは自然で素朴な調和に戻るための道でもありますよね？　瞑想の中で人はその人自身を空にすることができる、だから自分自身の自然な状態に触れることができる。

瞑想が自己を集中させるものとして、そして内なる力を呼び起こすものとして機能することはできます。ここで言う集中とは、見ること、感じること、肯定することを通して、自分自身に内在する豊かさを十分に使える状態にすることです。自己を空にすることは、自己を集中することの反対です。空になることには全体とのつながりを喪失する危険がありますし、実際にしばしばそういうことが起こります。

私はこれまで、瞑想をしても何の変化もない人をたくさん見てきました。なぜなら、彼らがしている瞑想は、人を満たす瞑想ではないからです。充実感は日常で何かを成し遂げること——すなわち行動――を通して得るものです。この行動がより偉大な何かへ導きます。これに引き替え、瞑想は、限られた効果しかありません。

たくさんの人が瞑想に価値を見出しています。それは瞑想が違う生き方を学ぶ方法だからです。このような人びとは決して、瞬時の悟りを求めて、週末ごとの瞑想会へ通いつめているのではありません。あなた自身、瞑想をしたことがないのですか。

もちろん、もし瞑想したことがなかったら、このトピックについて話すことはできないでしょう。私はただ、深い洞察につながる理解、そしてなによりも有益な行動につながる理解が、もっとも重要だと言いたいのです。（ファミリー・コンステレーションのような）現象学的アプローチから得られる洞察は、瞑想によって到達できるものではありません。

大胆な発言ですね。

この種の洞察は、日常の行動に完全に入り込み、実際に関わることを通して初めて得られるものです。私はこのように、日常の当たり前の行いの中に調和を見つけます。瞑想する多くの人が、このような日常の関わりから自分の身を引き、他の何かへ――おそらく悟りへ――と向かいます。しかし、これは普通の人生から離れてしまっています。人が瞑想をしているのを見ると、私は心の中で、果たしてこの瞑想によってどんなニーズが満たされたのだろうかと問いかけます。

時々、私は、自分自身の中心とつながるために座る必要を感じることがあります。たいていこれは、難しいワークと直面することになるだろうという時、私のすべての強さと勇気が必要となるだろうという時に起こります。予感のようなものです。このような時が、私が瞑想を必要とする時です。私はこのような予感がない時には、瞑想をしません。強さを必要とする時は、自ずと瞑想に駆り立てられます。

瞑想が持つ価値についてとやかく言うつもりはありません。あなた自身、瞑想をする人を見たら分かることでしょう、ある人は瞑想から何かを得ているし、ある人は何も得ていないことが。瞑想によって特に愛することが可能になってはいないとか、角がとれて柔軟になってはいないとか、深い気づきを持っているわけではないとか——彼らはただ、座っているだけ。私は、このようなケースに対して疑問を覚えます。要するに、大切なのは、何がそこから生まれるのかなのです。

瞑想は万能薬ではなく、行いの代用でもなく、また問題解決の方法でもない。そう言いたいのですか。

その通り。仏教では、たくさんの人が僧院で瞑想する慣例があります。私はこれを生きる道としてではなく、訓練として理解しています。訓練して修得することで、必要な時に使えるというようなものです。これはとても前向きなことだと思います。宗教的組織に入る者は、ある種の訓練を受けます。それが日々の儀式になると、本質的な要素が失われてしまいます。

でも、瞑想は人の人生において助けにはなります。

ええ、なりえます。何か宗教的で偉大なものとしてではなく、日々の日常の人間的なものとして。アーティストが自分自身を集中させるのと同じことです。音楽を聴くことも、内なる自己を全体の秩序に導く一つの方法ですから。

□ エソテリック（注1）

エソテリックな修行に対する批判についてお聞きします。先ほど私がスピリチュアルという言葉を使った時、あなたは、もしそれがそれ程ありふれたものでないのであれば、そのように呼んでもよいでしょう、と言いました。あなたはどうやらスピリチュアルという言葉を高尚すぎるものと考えているようですが。

ええ、なぜなら人はそうやって自分自身を日常より高い位置に置くからです。私にとって、日常の充実した行いのほうがより深いからです。

充実した行いとは、すでに日常にある善いことを成しとげることですか。

その通り。私たちが日々直面していること、つまりカップルの関係や子供との関係、仕事上のこと、これらが充実感を与えてくれる行いであり、成し遂げられねばならない事柄です。これらの行いと共に在る者は、他者へも良い影響を与えます。

それでは、あなたはあまりに多くの人が特別な存在になるために、スピリチュアルな道や瞑想などのラベルと自己同一化している、と考えますか。

あたりを見渡すと、地に足がついていない人びとがたくさんいることに気が付きます。そのような人びとは、仕事に精一杯の力を注いでいる人と比べると、重みがありません。毎朝、牛に餌をやり、そして農場へ出て一日中働く、そんな生活を送っている農夫——この人が持っている重みと、「私は瞑想をしています！」と言う人の重みを比べてみてください。

厳しいお言葉ですね。

おそらく。ただ、問題は、何が人に重みを与えるのだろうかということです。ある人びとを見ると一目瞭然です。最も積極的に物事に関わって生きている人は、子供を持つ人たちです。そして、彼らの魂は偉大で独特の重みがあります。

たとえ彼らの家庭が機能しておらず不幸せで病んでいたとしても？

今ここで話している重みは、そのようなことに左右されません。

そうは言っても、時に親は子供に対して実にひどい振る舞いをします。一概に子供を持つ人の魂は重みがあるとは言えないのではないですか。どの様な家庭であるかを分けて考えることが重要だと思います。

もちろん。でも彼らには子供がいて、子供と共にあり、そして何かをしようとしている——この単純な事実——この中には偉大さがあるのです。

ある男がかつて私に語ったことがあります。彼の家では常にある子供が他の家に預けられていたそうです。子供が十五人いたのですが、十五人が暮らすには小さすぎる家だったため、十五人のうちの何人かはいつも奉公に出ていた。しかし、このことは子供たちにとって問題ではなかったと。

子供たちは、生活とはそういうものだと単純に受け止めていたそうです。貧困にもかかわらず、どうにかすべてをやりくりしたこの両親のことをイメージしてみてください――そこには偉大さがあることが分かるでしょう。では、エソテリックな道に入り、チャネリングなどをし、浮遊している人びとをイメージしてみてください。比較すれば明らかですね。彼らには重みがありません。

単純化しすぎてはいませんか。多くの人は人生における困難な状況、たとえば、難病とか死に直面した時、エソテリックな探求を始めるのです。彼らは道を求めているのです。

もちろん、深刻な病、苦悩、喪失、死別の体験から何かをつかもうとしている人びとについて言っているのではありません。これらの体験は人に深みを与えますから。痛み、病、そして困難な運命のいたずら、もしくは重い罪さえも、魂に独特な重みを与えます。犯罪者だって、魂の中にある種の重みを持っています。

つまり、価値の問題ではない。

もちろん価値の問題です。私は偉大で独特な重みを持つ魂を、より価値があると捉えています。同時に私は、魂の重みを、人が到達するべく努力するものとして評価していません。それはそこにあるか、もしくはないか、そのどちらかであり、そしてそれは明らかです。独特の重力を持つ魂の持ち主がいる場では、私たちはたいてい良い気持ちがするものです。

時々、困難な運命や深刻な病を体験して、スピリチュアルな道を歩み始める人がいます。しかし、そうするうちに彼らは魂の持っていた重みを失うことがあります。

言っていることが理解できません。

彼らは、もう、彼らが体験した病や苦しみと共にいないからです。そのような人たちは、「神が私を救ってくれた、だからただ流れに任せていられるのだ」と主張します。言うならば、深刻な苦しみは取り外され、その人は、もうその苦しみと直面していない。こうなると、もともとあった潜在的な強さは失われます。

魂の中の独特の重みは強さである、とはどういう意味ですか。何のための強さですか。

もし、ある人が深刻な病の後に神に帰依したとしたら、私は大胆にもこのように言うでしょう。その病は何のためにもならなかったと。その人は、ここまでの道のりの深刻さに、もう二度と向き合わないですむ道を選び、その体験から遠ざかったのです。病、危機、そして死との近さが持つ重みは、もうどこにも存在しません。そのかわり、その人の中には「救われた」というイメージが残り、神や、神の母であるマリアや、その他のものに感謝します。このような姿をみたら、あなたも、その人の強さが減少してしまったと分かるでしょう。

私は何も信仰する中身について話しているのではありません——神とかマリアとは何の関係もありません。私はただ、その姿勢が持つ作用について話しているのです。人が神などについて今言ったような口調で語り始めると、周りの者はたいてい去っていきます。これはただ私が今まで、エソテリックな道や、そして程度は少ないですが、スピリチュアルな道を探求している人たちを見てきた体験からお話しているまでです。

□ スピリチュアル

では、あなたはエソテリックとスピリチュアルを区別しないのですね。

私にとって、スピリチュアリティーはポジティブなものです。霊的な智という具合に。この言葉は広がりがあり、同時に包括的です。一方、エソテリックという言葉は排他的です。スピリチュアルな人は優越感を持っていませんが、エソテリックな人はたいてい持っています。優越感を持たせるような言葉がエソテリック特有の言い回しに散りばめられている。このような人びとは、神秘の世界へ突入し、それを自分の手中に納めたがります。そして周囲と比べて、自分をより特別な者にしてくれる奥義を持ちたがります。そうすることで、彼らは日常の当たり前の行いとの接点を失います。

つまりあなたは日々の生活やこの世界とのつながりが失われてしまう時、エソテリックを否定的に捉えるわけですね。

はい。そしてそんな人びとは、しばしば目の前にある物事をないがしろにしがちです。たくさんのスピリチュアルな本の著者である、有名なスピリチュアル・ティーチャーにまつわる逸話を一つ紹介しましょう。彼には私生児がいましたが、まったくその息子を気にかけることがなかったといいます。批判的な視点を持って考えてみてください。いったい彼が書いたスピリチュアルな本は、何を伝えようとしているものなのでしょうか。彼の息子はロンドンに住んでいますが、彼は一度も父親に会ったことがありません。もしこのスピリチュアル・リーダーが、彼の私生児である息子と向き合うことをしたなら、彼の魂は違った重みを持ったことでしょう。これは極端な例ですけれど。もう一つの例は、私の知り合いがある有名な「師」の本を翻訳しました。彼はトルコに住んでいて、そこでエソテリックな探求を始めました。探求を始める少し前に、彼は妻と娘を置いて去り、その後一度も彼女たちを構うことはありませんでした。こんなことが起こるとしたら、いったい、エソテリックな道にどのような価値があるというのでしょう。

仏陀がしたことも同じです。彼は霊的な教えに従うために、妻と子供を残して立ち去ったのです。そこには特別な招命があったのでしょうが、私はやはり懐疑的にならざるを得ません。もちろん、このようなスピリチュアルな道には確かに魂を豊かにする効果があります。先ほど私が述べたような狭い視野で仏陀を語るのは乱暴なことですし、彼は多くの善をもたらした偉大なムーブメントを起こしました。それでも私は、その始まりは奇怪なものであったという見解を持っています。

誰かのもとから去るということと、窮地に立たされている人を見捨てることは違います。

まあ、そうです。でも窮地にいる人を見捨てるような振る舞いをした人が、その理由を自分が特別な者であるからだと主張することは通常ありません。事実、そのような体験をした人はおそらく、「自分はまったく愚かな罪人だ」というようなことを言うでしょう。何か特別な道の教えに従っているのだと主張している者が、家族との関係をないがしろにしてそのような道に入ったということを知ると、私は一体そこで本当は何が起こっていたのだろうかと自問します。

（注1）Esoteric: 奥義の、秘密の、密教的な、などの意味。（訳注）

7
前進は罪悪感を伴う
"PROGRESS IS ACCOMPANIED BY GUILT"

□ 忠誠と反抗

あなたが現在のように、罪の問題、罪悪感、そして良心という事柄を掘り下げて見るようになったきっかけは何ですか。

セラピーの現場で、罪悪感や良心というテーマに頻繁に直面しますが、多くの人がなかなか乗り越えることができない問題でしたから。(罪悪感の対極にある) 潔白であることへの欲求は幼い子供の欲求で、あなたはいい子だね、と言ってくれる親の存在の欲求と同じです。しかし、ずっと子供のような潔白感を持ち続けようとすると、親への注意ばかり払ってしまうことになり、現実を見ていないことになります。この状況では人生における有益なアドバイスと、成長を阻止してしまうアドバイスとの違いを識別することが不可能となり、いつまでたっても、親の支配下から抜け出せなくなります。親の支配下から抜け出すことが、親に対する罪悪感を引き出しますからね。言い換えれば、罪悪感を伴わない前進はあり得ないということです。

前進は罪悪感を伴う?

罪の意識と直面し、それを受け入れることなしに、前進することは誰もできません。避けられないのです。一つの分かりやすい例は、子供が育った家を後にして結婚する時です。結婚相手は心の底から選んだ相手であったとしても、家族にとって受け入れがたい選択であるかもしれません。その場合、その人は親の価値判断基準を犯すことなく、結婚をすることはできません。

すべての子供は、成長し続けるために、親や育った家族からの制約を踏み越えなければなりません。前進とはこのようにして可能になるのです。親は、必要だと感じるからこそ、子供にあれこれ禁じます。しかしそうしながらも、親は密かに子供が従わないことを望むということがよくあります。子供が反抗しないことは、その子供自身にとっても、親にとっても良くないことです。親が寛容すぎることも、子供にとって良くありません。もし、何でも寛大に許されてしまうと、子供が内側にある真の強さを発達させることができなくなります。成長はルールの外に出て行くことによってのみ可能であり、そうする度にその子供の自我が強くなります。同時に、他の次元で親とのつながりを持ち続けられます。

すべてにおいて寛容な親を持つ子供は大変だと言いたいのですか。

まったくそのとおり。そのような子供は方向性を失ってしまい、内面の自我の力を発達させることができません。

あなたは先ほど、子供は帰属感を得るためなら自分自身を省みず、時には死のうとすることさえある……

それは、もちろん一つの次元での話であって、他の次元では子供は完全に自己に陶酔しています。生き残るためにはそうでなくてはならないのです。難しいのは子供の反応が複雑だからで、私たちはそれをしばしば見逃してしまいます。子供が言ったことと、その子が真に望んでいることがまったく違うということも、ままあることです。親に対して反抗的で反逆児のような子が、同時に深いレベルでは親に対して忠誠であったりします。狭い視野で観察をしようとすると、一つの次元しか見えなくなってしまいます。

家族全体を修羅場にしてしまうような子供や、常に他の家族メンバーと不和な関係の子供もいます。この場合、忠誠という類の言葉が入る余地などまったくありません。子供がセルフレスとか献身的という言葉で表現される時、子供は善悪といった事柄からの拘束を超越した理想の創造物であるかのように聞こえてしまいます。

私の今までの体験から言えることは、子供は、たとえ結果は破壊的なものであったとしても、常に親への愛ゆえに行動するということです。私に課せられた仕事は、どこにその愛があるのかを探すこと。もし愛のある場所が見つかれば、その子供の行動の理由は明らかになるでしょう。

かつて私は非行に走った女生徒たちの寮で、生徒とその親のためのコースを受け持ったことがあります。そこの女生徒たちの先生から招待され、私はそこにいる生徒の家族のファミリー・コンステレーションをしましたが、すべての布置から同じテーマが浮上しました。それは、「あなたよりも私が消えるほうがいいでしょう」というものでした。そこにいる娘たちがどれだけ強く親を愛していたのか、それまで誰も気がつかなかったのです。それまで女生徒たちに本当に手こずっていたセラピストや先生たちは、この事実を知って深く心を動かされました。この瞬間、彼らはこの女生徒たちに一体何が起こっていたのか、そしてなぜ彼女たちがこれ程までに悪態をついていたのかを理解したのです。

たとえば？

たとえば、そこにいた女生徒たちの何人かは薬物中毒でしたが、これは彼女たちの死の願望——自分が死ぬことで母や父が助かるようにということ——の表れでした。

一人の女生徒は家の屋根から身を投げたことがありました。この女生徒の布置では、父親が死にたがっていることが明らかに読み取れました。この父親は、自分自身の父を追って死にたがっていたのです。ですから、この娘の行動はこう言っていたのです。「あなたより私が死んだほうがいいでしょう」と。

このような事実が明るみに出されると癒しの可能性が生まれますが、しかし、子供がここで必要な方向転換をすることは困難です。子供は原始的な次元で働いていた衝動に駆り立てられていたわけで、自分が重荷を背負えば、代わりに親が救われると信じて行動していたのですから。このアイデア自体はもちろん、キリスト教において広く流布されてきたものです。この力動が明らかになった時、子供は自分が犠牲になることが親を助けはしないのだということを、証明される必要があります。これは死や苦悩に連結していた幻想の力を破棄することを意味します。ここで子供はより高い次元で愛することを学び、父に向かって「親愛なるお父さん、あなたが何をしようとも、私はここに留まります。私は私の生命《いのち》をあなたから受け取りました。私はこの生命を受け止め、そして尊重します」と言うことを学ぶ必要があります。そうすることで子供は愛と尊重をもって父親から離れることができます。そして、これが強い自我を発達させる大きな一歩となります。もし自分の死をもって他者を助けることができるという幻想を持っているなら、死ぬことのほうが簡単なのです。

一方、援助者にとってしばしば困難なことは、回避不可能な困難な運命を背負った子供の傍らに立って見守ること、介入したり巻き込まれたりすることなくその事実を事実として受け止め手放すことです。しばしば、援助者は、クライアントがあまりに苦しめられているからではなく、自分自身が耐えられないから介入してしまいます。もちろん、この他の力動もそこにはありますが。

あなたが布置を立てこの力動が現れたわけですが、女生徒たちはこの力動を理解することができましたか。

何人かは理解していました。そのうちの二人の布置からは、彼女たちの運命は回避不可能で、介入することは不適切だという印象を受けました。私は埋もれていたものを明るみに出しましたが、それが私にできることすべてです。これらのケースにおいてそれ以上のことをすることは、時間を無駄にすることでもあります。もし現実が助けられないなら、他の何が助けることができるのでしょうか。

真の助けは現実から来るものであって、人から来るのではない。

明確に直視された現実から来るものです。現実が明るみに出され開かれた時、あなたはもうこれ以上回避できないでしょう。自分自身が一体何をしているのかが明らかになると、人はそれを知らなかった時のようにまったく潔白であり続けることはできませんから。

それでは、ファミリー・コンステレーションは、ある意味で、純粋な潔白感からの旅立ちであるというわけですか。

まさにその通り。たいてい布置は、悪者や邪魔者とされていた者が実際には善人であり、深い愛に突き動かされていたことを証明します。今まで優位であると感じていた多くの者が、実はネガティブな力動の煽動者であったことが突如暴露されます。ファミリー・コンステレーションは、関係者すべてにとって新しい視点を与えるのです。

自分には罪がないと思っていた者は、突如として彼ら自身の優越者的な態度が巻き起こした影響と直面しなければならず、また「罪人」は水面下にあった彼ら自身の良い意図を知ることができます。これがより透明な自己イメージと自己に対する洞察につながります。また、ネガティブな行動を半減させるかもしれないですね。

8

〈いのち〉――すべての固有の生命《いのち》の源

"BEYOND LIFE IS BEING"

□ 死

ファミリー・コンステレーションは生存者のみ扱うわけではありません。事実、死者の存在がより重要だとされています。この世を去った家族メンバーは、いつも存在しているということですか。

　祖父母の世代のように思い出すことができる家族メンバーはすべて――時には曽祖父と曾祖母の世代まで遡ることもありますが――彼らは生存している人と同じような影響力を持っています。忘れられていたり、排除されていたりする人であればなおさらです。

つまり、ファミリー・コンステレーションは幽霊と折り合いをつける経験的手法である。

　確かに、もしあなたが幽霊の物語を改めて思い起こしてみたら、幽霊は存在を否定され居場所を奪われた者であることが分かるでしょう。彼らは居場所を与えられるまで戸をたたきにやってくるのです。彼らの存在が受け入れられ、居場所が与えられると、彼らは穏やかになります。ファミリー・コンステレーションでも、恐れられ排除されていた者が適切な場を取り戻すと、彼らはその家系を癒し、善をもたらします。また、彼らはいったん受け入れられると、その場から去り、家族を平和の内に置いていきます。

ある伝統では、死者を家の中に数日寝かせておき、喪主や家族が十分に嘆き、さよならを言う習慣があります。このように十分な別れの時間を持つことで、死者がこの世を去るという信仰に基づいて。

それだけでは十分ではありません。アフリカのズル族の場合、死者を葬ってから一年後、死者はある儀式を通して家に招かれます。家族のメンバーは小枝を持ち、祖先がその枝に座っていることを想像しながらその小枝を家のなかに持ち込むのです。小屋の中には先祖のための場が確保されています。そこにはいつもビールが置かれています。誰かがビールを飲む時はいつも、先祖に数滴のビールを供えます。このようにして死者たちには居場所が与えられているのです。

似たような儀式や習慣はいたるところにあります。たとえばタイ王国では、タイ人は仏教徒なのですが、現に仏教の教えと矛盾する古くから伝わる儀式が残っています。死者の埋葬後に続いて行われる食事では、死者がその場にいられるように、席を一つ確保します。

私たちの文化圏(注1)では、ろうそくに火を灯す時、そのろうそくに死者がいるとされています。

最近では、廃れてしまった習慣ですね。

ファミリー・コンステレーションでは、死者が改めて家族の図の中に取り戻され、彼らの存在がとから来ています。多くの病や悲劇は、家族システムに属する権利を持つメンバーを排除していることから来ています。そして多くの場合、その排除された者はすでに死んでいる者です。彼らが再統合されると、他の者が解放されます。タイ人はそれを儀式を通して行い、私たちは心理療法で行います。プロセスと結果はほとんど同じです。

私たち西洋では、死を、恐れる対象として捉えるのが一般的です。

そうですね、本当に。それはなぜかというと、生命というものを個人の所有物のように、他とのつながりのない孤立した観点で捉えているからです。個人的な所有物、つまり、何か所有するものであり、そして同時に可能な限り使うものであるというように。でも、生命をまったく反対の視点で見ることもできるでしょう。つまり、私が生命に属しているのだ、もしくは、私が私自身の生命をもたらし、私を包みこみ、そして最後に私を振り放す力に属しているのだと。このように捉えるほうが、私としてはより現実に近いと思います。自分自身を大きな全体のうちの一部として体験する者は、エネルギーを自分を支えるものとして体験します。もちろんこのエネルギーは苦しみを与えうるのですが。私たちの幸せが世界を動かしているのではありません。まったく違う。この世界を動かしているものが、私たちを生かし仕えさせる――私たちはそれに明け渡さねばならないのです。そして人生の終わりに、私たちは生命から降り、何か私たちが知る由もないものへ向かうのです。

私たちは突然どこでもない場所から出現するのではありません。私たちが両親を通して受け取る生命は、より偉大な何かにすでに織り込まれています。何かが私たちの親の中に共に流れこみ、私たちに生命を渡すのです。私たちはすでに在る、という言い方もできるでしょう。そうでなければ、私たちは私たちに成り得ません。私たちが死ぬ時、私たちは生きている者にとって見えない存在となりますが、消え去るわけではありません。消え去る？　どうやって消えることができるのでしょうか。

すべてのものの根底にあるものを〈いのち〉と呼ぶとしましょう。この〈いのち〉は、固有の生命を超越しています。〈いのち〉と比べるなら、個々に属する生命は小さく一時的なものです。

この視点から見れば、幼いうちに死んだ子供は何も逃していません。私たちは早死にした子供に嘆き、九十歳まで生きているお祖父さんと比較して、悲しげに語ります。でも、そのお祖父さんが亡くなったら、一日だけ生きた幼児と何が違うというのでしょう。双方とも私たちの理解を超えた〈いのち〉の中に向かっただけ。彼らの間には何ら違いはありません。

リルケは、私たちが若くして死んだ者を手放さずに嘆くことは、彼らに困難を背負わせることだと示唆しました。彼らを手放すことを容易にしてくれるのは、私たちもいずれ同じところへ行くのだという認識です。私はセラピーの中であるフレーズを使いますが、これは死者との間に連帯感を取り戻し、私たちが優越感を持たずに生命をただそのまま受け入れる手助けをします。そのフレーズとは、「あなたは死にました。私はもう少し長く生きます。それから私もそこに行きます」というものです。こうすると、死者の存在は視野の中に保たれます。生きることが死ぬことと比べて特別なことのように高められずに受け止められます。

生きることは、より良いことでもなければ、より悪いことでもありません。単に今しばらくの間、私にとって開かれているというだけです。しかし、すべてが参加している全体――〈いのち〉――は、生命を超えるものだと私は確信しています。

それはまた、死も超えている。こう見ると、生と死は単に存在の二つの形である。

生と死は互いに作用しあう二つの領域です。だからこそ死者は私たちの人生に影響を持つのですから。そしておそらく、私たちもたとえば死者たちを手放すことを通して、死者の領域に影響を与えているのでしょう。

□ 天と地

それは大昔の考え方ですね。

様々な呼び方がありますが、それは、人類の基本的な概念です。ある者は天国と呼び、またある者は涅槃（ニルヴァーナ）と呼ぶ。そして他の者は分からないと言う。どう呼ぶかはこの際問題ではなく、内的な動き――生命を一時的なものとして見ること――が重要なのです。

ある者は、生命を超えたものに焦点を合わせることで、現世を見失ってしまうと危惧します。また他の者は、禁欲的な修行を通して世俗的なものすべてを放棄した者だけが、そこに到達できる、苦行と瞑想が涅槃へ連れて行ってくれると考えています。このような考え方では、現世はその後にくる何かのために克服するべき障害と捉えられていています。現世がすでにこれから来るものを含んでいるのですから、これはまったく奇妙な考えです。もし私が自分自身と平和のうちに向き合えていれば、私はすべてのスペクトルとつながっていられます。

私は以前、「真実の道は立つ」というエピグラム（機知と諷刺をこめた短詩）を書きましたが、ある人びとは理解に苦しんだようです。立っていることは、真の道の上にいることです。どこかへ行く必要はありません。単純に自分自身の中心に身を置き続けること、そして何であろうと降りかかってくる課題や難題を他者に何か要求することなく真剣に遂行することで、私はすでにすべてとつながっており、私はすべての領域に参加しているからです。

日常がエクササイズである。

これらのことをエクササイズとして見ること自体、すでに的外れです。しなくてはならないのは、生きること、それだけです。

「それだけ」とはどういう意味ですか。日常私たちはこの地球上の生活に焦点を当てていますが、もちろん、一瞬一瞬にではありません。人びとは可能な限り得て、可能な限り体験するために狂ったように企てを繰り返しながら、人生を駆け抜けます——結局、すべてはすぐに終わってしまうというのに。この私たちのあまりに外側と未来を向いた慌ただしく落ち着きのない生活スタイルにおいては、周囲に同調することなく静かに立ち、「すべてはすでにここにある」などと言うことのほうが訓練を要します。あれだけ肥大なレクリエーション・マーケットが繁盛しているのは、偶然なんかではありません。

もちろん、有益な訓練もあります。伝統的なもの、たとえば学校へ行くとか、自分よりもよく知っている者から学ぶなど。しかしその一方で、スピリチュアルな世界で出回っているエクササイズにも、他の世界のものと同じように慌ただしく、要求の厳しいものもあります。つまりは、世俗的な忙しすぎる活動と何ら変わらない。難しいエクササイズがどこにもかしこにもあるということですよ。

あなたは、私たちはスピリチュアルな領域でさえ何かを起こそうとしている、と言っているのですか。

はい、その通りです。多くの「ニュー・エージ」の訓練が、ファスト・フードのスピリチュアル版のように私には見えてしまう——長期にわたる準備の必要なしに、あるスピリチュアルな姿に即席の訓練で到達できるとでもいうように。私がここで話しているのは成長のプロセスです。知恵とはただ求めたからといって、現れるようなものではありません。それは、たくさんの充実した行動から育まれるものであり、そしてただ現れるものなのです。それに向かって努力をすることなく。

（注1）欧州、または西洋と理解してよいだろう。（訳注）

9 魂の偉大さに触れる

"CONTACT THE GREATNESS OF THE SOUL"

□ 解決はどう作用するのか

ファミリー・コンステレーションは儀式的な香りがします。

解決には儀式的な要素があります。しかし、コンステレーション自体は儀式ではありません。

ファミリー・コンステレーションのワーク全体の流れさえ、私には一つの儀式のように見えます。大きな円があり、そこに人がやってきて、そしてあなたがその人に家族について質問する。その人が代理者を使って布置を立て、そして席に座る。あなたがその代理者たちに質問をし、彼らを動かし、そして場合によっては布置の最後に、ある和解の言葉が発せられる。明らかに劇作的で、いつも一様な流れをたどります。

「儀式」という言葉を使用すると、このワークを本来とは違うコンテクストに入れてしまうことになります。布置は一つの手順です。家を建てるには石を一つずつ積み上げるしかありませんが、それが儀式であるとは言わないでしょう。

なぜ、あなたは儀式と呼ぶことに反対なのですか。

儀式には宗教的な背景がありますが、ファミリー・コンステレーションにはありません。最終的な解決の状況の中には、時に儀式的な色彩が感じられることはありますが、しかし布置は単に一つの手順なのです。

以前、私はあなたに、なぜファミリー・コンステレーションのようなことが起こり得るのかを尋ねたことがあります。代理者たちはクライアントの家族について何も知らないまったくの部外者です。どうして彼らが代理をしている家族と同じように感じられるのですか。私がこう尋ねた時、あなたは代理者たちが演じているわけでも感じているわけでもない、代理者たちは、クライアントが自分の源泉への新たな道を見つけるための器の役割を果たしていると言いましたよね。

そのような視点から見れば、確かにファミリー・コンステレーションには儀式的な香りがあるといえます。

ある人が人間性の一つの側面を具現化する役割を担うなら、それは最初から儀式ではないでしょうか。布置を立てるクライアントによって、代理者たちは不明の事象を体現する権限を渡される。代理者たちが直感的にそれができるのは、彼らはみな人間だから。違いますか。

□ 深淵

質問はいかにしてあのようなことが起こりえるのか、でしたね。それに対する答えの鍵となるのは、すべての間を流れ時間という枠組みを超える「深淵」の存在です。私は生命をピラミッドのように捉えます。上の先端は私たちが進化と呼ぶものです。一番下の「深淵」では、未来も過去も同様で——空間だけがあり時間はありません。人は時にこの「深淵」と接触することがあり、その時、通常垣間見ることができない秩序が現れる。これが魂の偉大さに触れるということです。

これらの秩序は時と空間の中で何度も繰り返されるもので、認識可能で再現可能なもの、たとえ他の時間と空間の中でも？

□ 空間

おそらくフラクタルの概念[注1]を使って、ここで起こっていることを説明できるでしょう。ノーベル賞受賞者のゲルト・ビニヒ（Gerd Binnig）[注2]は『無から』という著書の中で、物質と精神が進化する前に、空間の進化があったであろうという仮説を発表しました。空間はそれ自体をシンメトリーに配置し、その配置を繰り返します。一枚の葉は木のように構成される——すべての葉には相違がありながらも、すべてはそれぞれ同じ秩序に従っています。

家族を配置すると、そこに配置された代理者たちは、その家族がその場にはいないにもかかわらず、その家族に起こっていることを感じることができます。その家族内の秩序が自ずと布置の中で繰り返されるのです。布置を通して、思考によることでは到達不可能な現実の入り口にたどり着くことができます。それまでは見えなかったものが光の下に照らし出されます。このように現実が外に開かれると、そこに解決への道があるかどうかを見極めることができます。

代理者たちが本当の家族が感じていることを感じることができるのと同様に、代理者によるファミリー・コンステレーションは、本当の家族への作用を持ちます。何かがその家族システムに取り戻されるのです。たとえその家族がまったく知らなかったとしても。

なぜならそこには空間的なつながりがあるからですか。

それを説明することはできません。ただ、そのような体験をたくさんしてきました。以前、自殺を企てて未遂に終わった若い女性がいました。彼女の布置から、本当は彼女の母が自殺願望を持っていたこと、その母の父親が川に身を投げて自殺をしていたことが明らかになりました。

あなたはこの若い女性のクライアントは母の代わりに自殺を企て、母は自殺した父の後追いをしたくて自殺傾向があったと言っているのですね。

そうです。そこでこの祖父を家族図の中に戻し、母の脇に配置しました。解決は母が自分の父に寄りかかり、クライアント（娘）が「私は留まります」と言うことでした。

クライアントの父は、実際にそのワークショップに参加していました。これは日曜日の午前、スイスで行われたワークショップです。クライアントの母はドイツの自宅にいました。この日曜日の午前中、スイスでこのファミリー・コンステレーションが行われていた頃、ドイツでは、母が犬の散歩に出かけました。いつもの散歩ルートには祖父が飛び降り自殺をした橋があり、その橋を渡る度に彼女は左側の手すりの脇に立ち、父（祖父）が死んだ上流を見つめ、彼への祈りを捧げるのが日常でした。しかしこの特別な日は、橋でいつものように祈りをしかけた時、彼女の内側から橋の反対側に行こうという衝動が湧き起こり、彼女はそれに従っていつもと反対側に立ちました。その時、彼女は説明のできない幸福感を感じました。橋の反対側から下流を見つめていた彼女は、突然人生の荒波を泳いで行けると感じました。それまでの彼女はしばしば自殺を考えてきましたが、この体験の後、そのような感情は消えました。

彼女がファミリー・コンステレーションで何が起こっていたかを知ることなしに、空間的な距離を超えて何かが作用したのです。このようなことが起こり得るのです。一人の家族メンバーがクライアントとして布置を立てる時だけでなく、セラピストが家族がまったくいない所で布置を立てたとしても起こります。

以前私はあるジャーナルで統合失調症歴のある少女のケースを読みました。そこには精神病は家族内にある秘密と因果関係があるという説が示唆されていました。私はこれを読み、この少女の症状は若いうちに死んだ二人の家族メンバーと関係があるという印象を覚えたので、同僚であるグントハルト・ヴェーバー（Gunthard Weber）に話をして、この家族の布置を立ててみました。グントハルト・ヴェーバーはこの家族を知らず、このワークショップの参加者も、このケースについて何も知らされていないという状況で行われました。布置を立ててみると、この統合失調症の少女の代理者は、気が狂ったような感覚に襲われました。彼女は完全に混乱していました。それから私たちはおそらく彼女の病の要因と関係があるだろう二人の死んだ家族の代理者を立てました。一人は早死にした少女の叔母で、もう一人はやはり早死にした少女の姉でした。この二人の代理者が布置に加えられるやいなや、少女の代理者は完全に正常な感覚を取り戻しました。

まるで魔法のような話です。さもなければルパート・シェルドレイク（Rupert Sheldrake）の形態形成場(注3)の例のようですね。この理論がファミリー・コンステレーションの効果の説明になりえますか。

実は、私にとって理論は重要ではありません。これらのことが起こるという事実があり、私はそれを体験してきた。これ以上説明を加えることが、実際のワークにとって何の役にも立ちません。たくさんの人がおそらく一体何が起こっているのか、そしてどうやって可能なのかについての厳密な説明に関心を寄せるのでしょうが、現象を扱うワークをする私は説明を必要としていません。

私の質問は違います。私たちは今、儀式としてのファミリー・コンステレーションについて話しているのです。私が持っているイメージは、もし一人ひとりに根っこがあるとして、それが皆地球の中心まで伸びているとしたら、一人ひとりが人類一般とのつながりを持っている。それなら一人ひとりが自分のものでもない感覚や感情へのアクセスもできる。言うなれば、代理者たちが感じる感情や感覚はこの源泉からやってくる。

それは、行き過ぎた解釈のように思えます。私はもっと表面的に見ています。家族は、空間の中にそれぞれ互いに関係する何人ものメンバーから構成されています。ある人がファミリー・コンステレーションを立てる時、彼または彼女がその家族に起こっていることを空間的な図の中に転写するのです。もし布置が正しく行われれば、代理者たちは自分自身の家族システムの中にいるのではなく、新しいシステムの中に立っていることになります。そしてその新しいシステムにおいて、一体何が起こっているかを厳密に感じ取るのです。実際、クライアントが正確に人を配置したかどうかは、たいてい、それを立てた最初の時点で分かります。

分かるのですか。

直ちに。少し前のことですが、ある女性が布置を立てた時、私には直ぐにそれが正確ではないことが分かりました。彼女は以前にもファミリー・コンステレーションを受けたことがあり、その時とまったく同じ布置を立てたのです。私はそこで彼女に、自分の頭の中にあるイメージではなく、もっと自分の内側に焦点を置き、内側からやってくる感覚に沿って布置を立てるように言ったところ、彼女はまったく違った布置を立てました。

正確に配置されたかどうかは、どのように判断するのですか。

そのシステムを見てみなければなりません。人が自分の家族について語るのを聞くことで、私の中に一つの確実な家族システムのイメージ図ができます。それは、不明瞭かもしれませんが。もしクライアントが配置した布置がそれに符合しない場合、私は直ちに感じ取ります。それは調律されていないはずれた音を聴くようなものです。

それではオーラを見ることができる、と言っている人びとと、そう変わらないのでは？　あなたは家族システム全体のオーラが見える、と言っているのですか。

それは少し言い過ぎです。私がクライアントとワークをしている時、私は私の自我を使っていません。考えることもしません。私は自分の魂に従うだけで、何が調和していて何が不協和音を出しているかについて、漠然とした感覚があるだけです。決してはっきりとした図ではなく、霧の中にある感覚のようなものですが、でもワークを始めるには十分なものです。

□　距離を持って見つめる

以前私は、自我と自己の違いを体の動きで表現したことがあります。自我を表すのに私は手を下から上へ大きくひろげたままに持ち上げ、頭の上で二つの手が出会うようにしました。一方、自己を表す時はトップから下へと反対の動きをしました。

その動きに習って表現するならば、観察は点に焦点を合わせていて、一方、気づきはスペース全体の深みを見つめている。

その通り。フォーカスすると細部は見えますが、決して全体を見ることができません。研究者として木を見ている者が、木を木として気づくことは決してないでしょう。研究者は細部を見る。しかし、絵描きは全体を見るでしょう――詩人がそうするように。これが私の人間システムへのアプローチです。私は個人のみに焦点を合わせず、関係性の中に織り込まれている個人を見ます。

あなたはまるで牧師のような話し方をすると多くの人が言っています。もしかしたら、それはこのような物事の見方と関係があるのかもしれません。

おそらく。以前ある女性から届いた手紙には、私は自我に向かってではなく、魂に向かって話しかけているようだという内容が書かれていました。

魂はより広い範囲でつながっています。魂と調和していると、どこに解決への糸口が眠っているのかとか、他の方法では決して気づかない物事のつながりが見えることがあります。

たとえば、髭を生やしている男性の母親は、しばしば夫に対して優越感を持っていることがあり、その夫の父親も同じような境遇にあったということ――このような、髭を生やしている男性についての洞察などは、他の方法では気づくことがなかったことです。この他の例を挙げましょう。ラッキーなハンス (Hans im Gluck)[注4]が最もお気に入りのおとぎ話だという人の家系をたどってみると、祖父が財産を失っているという共通の出来事がある。または、その家族システムに作用している力動は、「あなたよりも私が行くべきです」とか「あなたを追って死にます」という可能性があるなどです。

さて、儀式の質問に戻りましょう。あなたのセラピーの形式はどちらかというとはっきりと定めら

れている。全体の流れにおいても、そして和解に導く三十語程の言葉においても。

これらは一つのセットではなく個別の文ですから、事例ごとに変化します。単にこの言葉を言ったからといって、効果があるわけではありません。だからこそこれは儀式ではないのです。儀式ではすべてが同じように繰り返されます。ファミリー・コンステレーションで行っているのは、ある特定の状況に働きかけるために採用された慣習であり、それがクライアントの助けになるのかどうかが、何よりも重要なのです。儀式のように、形式どおりに遂行するかどうかではなく。ですから私はどの言葉が適切であるかを、毎回その状況をみて判断しなければならないのです。

一つ一つの布置はすべてユニークであると言えるでしょう。同じことは決してありません。その時、その瞬間の配置形態から儀礼的な言葉は生まれるのですから、再現不可能です。

あなたは以前、クライアントがセラピストに話すストーリーは防衛であると言いました。ではセラピストはどの程度、クライアントの話を聞く必要があるのでしょうか。

□ センタリング

ファミリー・コンステレーションという手法では、たとえばクライアントの両親がどんな人であったかなどは、知る必要はありません。クライアントが語る両親像を聞くことは、私の周囲にクライアントの主観的な親のイメージや余分な推測のネットを張り巡らすこととなり、私がダイレクトに両親を見ることを妨げます。私が知る必要のあることは出来事です。誰が結婚しているか、兄弟姉妹がいるか、死者がいるか、家族システムから排除された人がいるかなどの事柄です。それに加えて私が知りたいことは、家族メンバーの中に病者がいるか、不慮の事故や災難があったのか、またはアルコール依存者などがいるかどうかです。私が必要とする情報はこれがすべてです。

システミック[注5]な手法では、この程度の情報で十分だと言えるでしょう。でも以前、あなたは一般的なセラピーでもこの程度の情報で十分だと言いました。それだとおそらくかなりノン・パーソナルな種類の心理療法になると思います。あなたのセラピーは誰にでも起こりえる出来事を取り上げるので、パーソナルなものとして作られていない。あなたの手法において個人的な要素は、クライアントが自分の家族のシステムを布置するという部分だけです。

その部分こそが個人的でない部分です。もしクライアントが自分の頭の中に持っている家族のイメージに沿って布置を立てるのであれば、それは個人的な営みです。しかし、私はクライアントが代理者を配置する時、自分の中心にいる状態になるよう伝え、その状態でイメージが現れるまで待つように言います。つまり、布置はクライアントが自分の思考によって創り出したものではなく、無意識の領域から湧き上がったものであり、それが明るみに出たものです。配置した後、クライアント自身がその配置に驚くこともよくあります。

でも、無意識とは確実に個人的なものでしょう。それともあなたは自我のみが個人的であると見なしているのですか。

ここで言っている無意識こそ、まさに最も個人的でないものです。布置を立てる時、クライアントは、自分個人の領域外についても何か適切に気づいています。もしこのクライアント以外の家族メンバーが、自分の中心にいる状態でこの家族の布置を立てたとしても、おそらく最終的な配置図はそう違わないでしょう。

実際にこのようなケースに最近出会いました。ある男性がまず布置を立て、それから彼の妻がまったく違う位置に布置を立てました。双方の代理者たちが感じたことはほとんど同じでした。もちろん、布置では歪曲が起こり得ます。二人の人が同じ家族システムを配置した場合、どちらの配置がより現実に近いか、そしてどちらの配置図が配置者の個人的な目的や嗜好によって歪曲されているかを直ちに感じ取ることができるでしょう。しかし、どちらにしても細部の正確さは核となる問題ではありません。

それではファミリー・コンステレーションには個人的な部分はないのですか。

クライアントが自分の思考の中にある家族像に基づいて進んでいる場合と、魂との調和の内に進んでいる場合との間には、確固とした違いがあります。前者の場合、クライアントは積極的な役割を担いますが、後者では魂に導かれるままに進みます。そして魂は個人を超えたものに到達します。

あなたが個としての存在を見ず、個人が背負っている問題を知ろうしないことを批判する人もいます。ファミリー・コンステレーションではすべての人があらかじめ定められている秩序に基づいて、同じ物差しで測られていると言えるのではないでしょうか。

ある人が自分の問題を語る時、それはその人の解釈を語っているのです。自分が置かれている状況、家族、そして自分自身について。そのような場合、彼らは暗黙のうちにセラピストに対して自分の側に立つことを求めます。つまり、彼らは自分の問題を打ち明けながら、彼らが問題だと思い込んでいることの解決を見つけさせようとします。もし私がそれを許してしまったら、私は最初から制限されてしまいます。このような場合、彼らは実際に私を必要としていません。彼らはただ、彼らが願う種類の解決を提供する共犯者として、私を使いたいだけです。私はそれを認めません。私は私自身の目で見る権利を明け渡しはしません。

どんな解釈を持っていたとしても、このワークでは、クライアントは実際に布置が見せるものを体験することができます。私ではなく、クライアント自身が配置したのですから。このプロセスを通して、個人的な解釈や説明からは想像もつかなかった事柄が明るみに出されます。

それではファミリー・コンステレーション以外の手法ではどうですか。たとえば、ゲシュタルト・セラピーのようにとても個人を扱うものについては、どう考えていますか。クライアントがセラピストに自分の視点に立つことを強要するという発言は、一般化しすぎではないでしょうか。もちろん、セラピーでは会話を多くしますが、その最終ゴールは考えるのではなく感じることを、理論ではなく体験することを、学ぶことでしょう。クライアントの話は防衛であるというあなたの主張は、セラピー一般に当てはまると思いますか。

そのような言い方は、限定的すぎます。もちろん、すべてのセラピーにおいてそうだというわけではありません。結局、クライアントは助けを求めてセラピーに来ます。しかし、多くの場合、クライアントは肯定されることを求めているのですが、そういう場合、私はクライアントの話に焦点を合わせず、クライアントを通り越した視点が有益であることを学んできました。私は家族と状況の全体像を見ます。難しいケースを抱えている時、私はその人をたとえば、四歳の子供として見てみます。そして自分自身に、この人がこのようになるまでに、いったい何が起こったのだろうかと尋ねます。そうすると私の中には今までとは完全に違うクライアントの姿が現れ、言葉を聴くことではたどり着けない、より本質的な事柄に近づけます。

私は他のセラピストを評価することに、関心はありません。私はただ私の手法において、私には有益であったことを述べているにすぎません。他人が何をするかは、私の関心事項ではないのです。

クライアントを通り越した視点とは、ずいぶんと辛辣な言葉だと私には感じます。自分がクライアントとしてあなたの所に行ったと想定して、ヘリンガーは私を通り越して見ている、私を見たいとも思っていない……

私がクライアントを父、母、兄弟、死者を含む家族というコンテクストの中で見る場合、私のクライアントに対する理解はより大きなものとなります。そして、より多くの気づきがあります。より大きなものを見ているのですから、私はクライアントのより全体を見ているのです。

クライアントを通り越した視点とは、クライアントの言葉の嵐に巻き込まれることを、自分自身に許さないという意味ですか。「父はいつもあれをやれ、これをやれと要求した、母は鬱で私を愛してなかった、弟ばかりかわいがられて私は苦しんだ……」などの物語に。

私はそのような長いストーリーを決して聞きはしないでしょう。身体が痛み出しかねません。おそらくもっと早いうちにさえぎるでしょうね。私は私自身の健全な感覚に従わなければなりません。ぶしつけな表現ですが、私の身体に痛みをもたらすようなことが、その状況に適切であることはあり得ません。

ほとんど傲慢…ともいえる表現ですね。

グループ・ワークで、他の参加者もほとんど同じような反応を示すということを体験してきました。これは私が採用している判断基準です。グループ・ワークの場で誰かが先ほどのように不平や泣き言を話し始めると、グループ全体が落ち着きを失い、あくびを始めたり、だらりとしたり、話し始めたりします。それはグループ全体に不快感をもたらし、参加者はそれに対して防御的になります。私の反応は私独自の気まぐれなものではありません。

(注1)The concept of fractals: 次元分裂図形。フラクタル。どんな細部を見ても全体と同じ構造が現れる図形、非整数の次元をもつ。リーダーズ英和辞典より（訳注）

(注2)Binnig, Gerd (1992). Aus dem Nichts (p. 143ff). Piper. [Out of Nothing]（原注）

(注3)morphogenetic field：形態形成場の理論はイギリスの生物学者ルパート・シェルドレイク（Rupert Sheldrake）のものである。彼は遺伝子による継承に加えて、情報は形態場からも受け継がれると提唱している。この形態場を通して、それぞれの種は独自の集合的な記憶を持ち、それがその種のそれぞれの動物に加えられている。それぞれの個体はまたこの「記憶」へアクセスすることができる。シェルドレイクによるとエレクトロ・マグネティック・フィールドが存在すると同じように、この形態形成場も存在する。サウザンプトン（イングランド南部の市・港町）で多種にわたるシジュウカラがミルクを栄養源としてい

ることが例として挙げられる。これらの鳥は戸口に置かれた牛乳瓶の蓋を破り、くちばしが届く限りたくさんのミルクを飲む。数年後には、他の地域に住むシジュウカラもミルクを飲み始め、これは戦争が始まって牛乳瓶が戸口に置かれなくなるまで続いた。戦争が終わり、再び牛乳瓶が戸口に置かれるようになった時、ミルクを飲むことを学ぶ機会のなかったはずのシジュウカラは、即座に牛乳瓶からミルクを盗み始めた。これは形態形成場、すなわち集合的記憶を通して、ミルクから栄養を取るという能力が継承されたからだとシェルドレイクは主張している。（原注）

（注4）グリム兄弟のおとぎ話。若者が七年分の賃金を持って家に戻る話。その道中に彼は次から次へと物々交換をするがすべてが彼に不利益をもたらし、家にたどり着いた時には彼のお財布は空になっているというお話。（原注）

（注5）システミック：心理療法において、個人の内面に入っていくことより、関係性（世代間に継承するものなど）により焦点を合わせること。ファミリー・コンステレーションもこの中に含まれる。（訳注）

10

秩序は創られるものではなく、発見されるもの

"ORDERS ARE DISCOVERED"

□ 体験、自由、イデオロギー

あなたは「秩序」という言葉を特別な意味合いを持って使っていますが、多くの人びとにとって厳密にどういう意味なのか分りにくいようです。「順序正しい」とか「規則」という意味にもとれますが、それは主体性を制限します。原始的そして家父長的にも聞こえますし、確実に自由を連想させるものではありません。あなたは「秩序」という言葉を、どういう意味で使っていますか。

物事が秩序に従っている時、そこには安堵感、平和な感覚、そしてすべての物事がスムーズに動いている感覚があります。それが「秩序の中にある」というシンプルな言葉の意味です。突如として、あなたは安堵感に見舞われるでしょう。このような秩序は観察され、発見されるもので、新たに開発されるものではありません。私はこれまでに、繰り返しこのことを布置の中で体験してきました。

□ 帰属する権利

この種の秩序の例を挙げていただけませんか。この秩序は特定の規則に従っているのですか。

数多くのファミリー・コンステレーションを体験していけば、何が秩序を定義するか分かるようになるでしょう。たとえば、家族のメンバーは皆、同等の帰属する権利を持っています。これは基本的な秩序です。ある家族システムに属するものは皆、そのシステムに属する権利を有し、この権利はそのシステムに属する他の者が持っている権利と同等のものです。愛すべき秩序ですね。ここからは善だけが生まれます。私がこの秩序について語る時、たとえばキリスト教の教えなど、どこかで語られてきたことを指しているのではありません。キリスト教ではこの秩序を見つけることはできないでしょう。私はここで、布置の中で明らかになるもの、作用を持つものを言っているのです。もしこの秩序が尊重されれば、ポジティブなことが起こります。これは誰でも体験できることで、自分たちで試すことができます。この秩序が尊重されていない時、危機や病が起こります。

家族から追放され拒絶された同性愛者の例を挙げましょう。もしこの人が家族システムの中に再び取り込まれ尊重されたら、このシステムに属するすべての者がほっとすることでしょう。もしこの同性愛者が排除され続けたら、後に続くメンバーが同性愛者と同一化し、理由を知らないまま、同じような生き方をすることでしょう。この秩序は私たちの知識や認識とは独立して作用します。

これら経験的観察との関連で、あなたは行動における規則のようなものがあると思いますか。

秩序に奉仕する行動や態度と、秩序を崩壊させる行動や態度があります。セラピーのゴールは秩序を乱している要素を正すことです。

もしある女性が出産時に死んでしまったら、もしくは、もしあるシステムで多くの死者が出たら、そのシステムの中に不安が生じるでしょう。すると、おそらく生き残った者はこの出来事を直視することを好まず、死者を忘れようと試みます。これは道徳的には悪いことでも罪でもありませんが、それでもネガティブな影響をもたらします。それは布置から明らかに見て取れます。一方、死者が尊重され、システムの中に場を与えられると、ポジティブな効果を見ることができます。

□ 運命を背負う権利

布置で観察可能な秩序には、それぞれが自分の運命を背負うことが認められなければならないというものがあります。

もし、ある家族で、親のどちらかが死に駆り立てられている場合——おそらく死んだ兄弟を追うために——子供はその親を死から守るために、その道を阻むことに駆り立てられることでしょう。時には親の代わりに死のうとさえするかもしれません。しかしこれは秩序を犯すことです。なぜなら子供は自分自身の権利下にない役割を担ってしまっているからです。これは子供の罪とはいえません。なぜなら結局、愛ゆえの行動なのですから。しかし、それでもこの行為は、このシステムに属するすべての者にネガティブな結果をもたらします。このような家族システムは、子供が親を運命に任せて手放すことができると、秩序を取り戻します。たとえ、それがどんなに困難なことであっても。このケースでは、秩序への服従と尊重を示すことが必要です。また、両親の死を阻止したりしないほうが、両親がとどまる可能性が高いというのも事実です。

□ 序列

今、秩序の例をお話していたのですよね。今までお話した以外に、秩序と関係するものとして、序列があります。たとえば、親は子供よりも先ですし、夫婦の関係は親としての役割よりも先にきます。

親が子供よりも先、とはどういう意味ですか。

親は子供に対して親としてまず自分たちが先であると毅然としていなければなりません。そうすると子供たちは秩序を感じます。親が子供と同等であろうとしたり――たとえば友達感覚でいるなど――もしくは自分たちの優越な立場を誤って使ったりすることは、子供にネガティブな影響を与えます。子供は不安になりまったく自由でなくなります。

秩序には、ある特定の行動や行為は、取り消すことができない結末につながるというルールがあります。

人びとの多くは、起きてしまった悪いことを取り消すことができると思い込んでいます。たとえばセラピーを通して。しかし、もしあなたが重い病気に罹っている人のワークをしたら、消し去ることのできない行為があるということに気づくでしょう。自分がとった行動やその結末すべてと直面することは、秩序に沿っていることです。もし結末を受け入れられれば、それまで持っていなかった尊厳を獲得できます。

取り消すことのできないネガティブな行為とは。

たとえば、中絶や父親を刑務所に送る原因を作るなどです。このようなことは消すことはできず、なかったと偽りを装うこともできません。ただ罪を受け入れ、その結末を受け入れることしかできません。時々、クライアントの反応から、これは取り消すことはできないとわかることがあります。たとえば、ある人が解決の可能性を模索するよりも明らかに死を望んでいる時などです。私は決して、物事の秩序を取り戻すことが不可能だと言っているのではありませんが、どのような力が作用しているかを突き止めることが療法上必要なのです。私の意図はクライアントに状況の深刻さを示すことです。クライアントがそれに応答することを望みつつ。

とても厳しいお言葉ですね。

ええ、しかしそうしなければ、ありのままの現実をないこととするために、目を閉じることを意味します。そうしたら、クライアントと私は、そこにある事柄と直面する代わりに居心地の良さのほうを選び、現実をゆがめることになるでしょう。しかし、変化は現実を直視することによってのみ可能なのです。

11 愛は信頼できる

"YOU CAN RELY ON LOVE"

□ セラピーと家族

聖職者は魂のケアテーカーとしての立場を、そして権威を失いつつあります。あなたは一人のセラピストとして、この世俗的な社会のどの位置に立っているのですか。

私にとって重要なのは、人が葛藤を解消すること、そしてその家族内にある癒しを促す力とのつながりを取り戻す手助けをすることです。これは単にセラピーという枠組みには納まらない、和解への奉仕でもありますから、この意味において私は私自身を魂のケアテーカーであると思っています。私はまた、自分自身を教師であるとも考えています。セラピストという言葉は、私にはあまり意味のない言葉です。

どうしてですか。あなたは過去の体験から魂のケアテーカーの現場を知っていると同時に、セラピー

の現場も知っている。なぜならあなたはセラピーをしてきているし、セラピストのトレーニングもしてきましたから。あなたは今、この二つの領域の中間にいるということですか。

私にとって「セラピスト」という言葉は「何かを起こす」――物事を扱いながらそれを自分の支配下に置く、というイメージを連想させます。私の理解では、運命とそれに作用する力はあまりに偉大なので、私がそれに介入し、目的を達成することはイメージできません。

伝統的な心理療法の「何かを起こす」イメージに対する反感なら、私にも分かります。ただ、その他の様々な心理療法の学派は、セラピストの役割をむしろ傷を癒すための助産婦のように捉え、人びとが回復するためのスペースを提供することを目的として発達してきたと思います。

私にとっては、その表現すら行き過ぎなのです。本質を言いましょう。私は不当に排除されていた者とつながり、彼らを家族の図の中に戻します。回復や癒しは彼ら自身の中から起こるのです。私からではありません。私はまた、システムを侵害し苦しめる者や、自分の思い込みから秩序を壊して癒しを妨害する者の対極の位置に立ちます。それ以上何もしません。

仮にセラピストという言葉を使うならば、ファミリー・セラピストというのが最も近いかもしれません。私は家族のシステムが秩序を見つけ、道を見つける手助けをしますから。

システム自体が秩序を見つけるのだと、そこまで確信を持てる根拠はどこにあるのですか。

家族のシステムは実に大きな力と強い結束を持ち、システムを構成する者がどんな行動をしたかは関係なく、そのシステムに属するすべての者に影響を及ぼす力を持っています。私はこの事実に信頼を置いています。家族という単位において、生命は個人に与えられる。同時に、その生命の可能性と限界も定められます。どの家族に生まれ落ちるかで、その個人の人種、国、文化を決定し、運命も定められますし、これらは直面しなければならない事柄です。人生を左右するものとして、家族に勝る影響力を持つものはありません。

このシステム上に作用する力を無視して私が介入したとしたら、秩序を破壊することとなるでしょう。ですから私は、家族に、そして最終的には両親に、多大な尊重の姿勢を持ってアプローチします。私は親としての役割を偉大なものと思いますから、決して親と対決するようなポジションを取ることはありません。あるセラピストたちがするように、クライアントに親と対峙することを勧めるなど私には考えられません。「親から自由にならなければ」とは、滑稽な言葉です。一体どうやって親から自由になれるのでしょうか。事実を忘れてはいけません。あなた自身が、両親なのです。

家族が人を結び付ける最も深い絆を持つ、という所説は伝統的な心理療法の原点でもあります。家族は最も強い絆で結ばれていますが、しかし同時に、病気や神経症、心理的苦痛の主たる要因でもあります。心理療法は傷を癒し、解放へ向かう道です。傷を癒す方法には違いがあるでしょう。親から自分を解放し、親から離れることを通して、それは達成できないというのですか。あなたはそれを、最も深い絆を認めない姿勢としか見ないのでしょうか。

私たちが家族の一員であり、その運命につながれていることは、明らかでしょう。多くの苦悩が家族から生じるというあなたの言い分には同意します。けれども私の結論はあなたとは異なります。多くの心理療法の学派が、健全さを取り戻すためには家族から離れる、または家族に反発する、そうでなくても格闘しなければならないと主張します。クライアントに親を殺すよう（もちろん空想の中で）促すエクササイズさえさせる所や、殴ったり、怒りを叫んだりするように促す学派もあります。馬鹿げたことに、そのような行為の主な効果といえば、後にクライアントが自分のした事に対して自分を罰するというものです。

本当の父や母に代わって、理想の父や母のように振る舞うセラピストというのも、まったく馬鹿げています。現実的な決断をする時や病にかかった子供の犠牲には、実の両親が必要であり、たいてい彼らはそれをするのですから。セラピーの場で話すことは簡単です。しかし困難な相手と共に生活し、運命を共有するというのは、まったく別の話です。

家族が病の要因となりますが、それは家族のメンバーが悪だからではなく、運命が特定の働きをし、それが関係者に影響するからです。その働きは両親から始まりますが、この両親の両親も特定の運命を背負った家族システムからくるのです。これらすべてが新しい家族に影響を与えます。家族の絆が、皆がその運命を背負うように仕向けるのです。ある家族に悪いことが起こると、その補償は数世代に渡ります。

家族良心のようなものが、ここでは作用しているのですか。

それを時に、家族の良心と呼ぶことはあります。家族には、ある事柄、つまり、バランスをとり、補償されるべき事柄に、システム全体をフォーカスさせる作用が働きます。例を挙げるなら、排除された者がシステムに戻ることを保障するために、または、それぞれが自分のとった行動の責任や罪の結末を背負うように。

もし私がその力を把握し包含できれば、その力を使ってシステムの秩序を取り戻し、困難な運命を解消したり、少なくとも影響を軽減したりできます。そうすれば、皆がもっと自由に息をすることができる。そして、ポジティブな力が最大限の勢いに到達し、解放する力を持つことでしょう。

このようにして、家族に秩序が取り戻されると、個々のメンバーは家族を去ることができ、そうしながらも、その家族からのサポートを背後に感じることができます。人は自分の家族の絆が認められ、責任が明確になり、それが共有されて初めて安心できるのです。そうすると、個人は過去からの重荷を背負わされることなく、また捕らわれることなく、ようやく自分自身の歩みを進められます。

今の説明で、家族が病の基となるという主張がずいぶんと軽減されました。

家族の中の愛が、病の原因であると同時に健康の原因でもあります。厳密には家族が病を作るのではありません。むしろ、家族の絆の深さとバランスと補償の必要性が、病を作るのです。これが明るみに出されると、病の要因であった愛と病の要因であった補償の必要性が、高い次元での癒しの効果を持ちます。単純に家族が病をつくるのだという主張は、家族というものへの安っぽい非難でしかありません。

あなたは家族に対するいかなる批判も受け付けないのですか。

受け付けません。家族を非難することは不当です。家族の中の苦しみは、家族が存在するからあるのではありません。家族も、そして生命も、存在することが問題なのではありません。生命は家族から生まれますから、そこで問題となるのは、いかに個人がその生命の最も前向きな発達を形作れるかということです。

心理療法の学派の話に戻りましょう。私は時々、あなたは心理系の専門家に対してやや批判的であるという印象を覚えます。心理療法系のマーケットは、今やとても大きく、患者をカウチに座らせ、分析家は視野外に位置するという伝統的なフロイト派は、この業界ではただ一つの小さな学派です。今や療法的な介入で癒しを促す数々の異なる手法が存在します。音楽療法、カラー・セラピー、ボディー・セラピー、来談者中心療法、ダンスセラピー、催眠療法、呼吸療法などです。これらすべての療法をけなすのは、当然フェアではありません。

すべての療法をけなすなど、私の意図とかけ離れています。私自身確実に心理療法から多大なる恩恵を受けてきました。ほとんどすべての心理療法は、もともと経験から発達してきたものだということを忘れてはいけませんよ。

フロイトの洞察は今日でも基本です。しかし、さらに、様々な分野において発達してきています。彼の手法の枠内に留まっている人は現在おそらくいないでしょうが、だからといって彼の洞察に価値がないわけではありません。それらは今でも心理療法の基礎であり、起源であり続けています。

セラピーの多くは、ある一つの特定の側面を取り上げ、その領域において新しい理解や経験を提供することで、私たちの気づきを拡げてくれます。たとえば、バイオエナジェティックスのようなボディー・セラピーでは、多くの障害は筋肉の伸張に記憶され、それらは解放可能であるという原理に基づいている。この原理で言えば、クライアントの身体の深い場所に眠っていた感情――家族への愛を含む――とつながると、その感情が解放され、身体を緩め、新しいエネルギーを放つと言えるでしょう。

しかし、元々の問題は家族と結びついています。より正確に表現しましょう。表向きに何を主張しようとも、個人は深いところで自分自身の家族に対して真実であり続けている。このような家族への深淵の愛と忠誠こそ、認められなければならないのです。近年では、私は私の家族を愛していると言うことは、懐疑の目で見られ、敵対視の対象にすらなりますけどね。

最近のトレンドであるセラピーは、自由を獲得するために親から離れることを促す傾向にあるという意味ですか。

どうやら、少なくとも私にはそう映ります。しかし、この深淵の愛は決して人が自分の家族と敵対することを、そう長くは容認しません。父親と敵対している男は、父親のようになるでしょう。モハメッドがこれをみごとに表現した一節があります。他者の罪を非難する者は、誰でもいずれこの世を去る前に、その罪を自分自身が犯すであろうと。私たちが両親を拒絶した場合も、ほとんど同じことが起こるのです。

多くの病や障害の背景には、システミックな絆の承認を拒否していることから生じる葛藤が存在します。セラピストとして、私はもともとの愛が持っているポジティブな側面を再び稼動するようにしているのです。

□ さえぎられた愛情表現

（さて、新しいトピックに移りましょう）子供の親に向けた愛情表現をさえぎってしまう出来事が、たびたび起こります。たとえば、幼児期の長期入院などは、子供が親を求めて手を伸ばそうとする動きをさえぎります。これは深い痛みとなって子供の中に残り、この痛みは親に対する反発という形で表現されます。しかし、この反発は単に幼児期の痛みをともなった離別の記憶の代わりなのです。もし私がセラピストとして子供が持っている表面上の敵対心だけに気をとられていたら、その人を助けることはできません。

愛は信頼できる、という気づきを持つと、すべての物事が今までと違った様相を持つことでしょう。愛はいつだってそこにあるのですから、その場所を突き止めるだけでいい。もし誰かが親に対して怒っている場合、私は幼児期にさえぎられてしまった親への愛のありかを探します。そしてそれを見つけたら、私は、クライアントが当時さえぎられてしまった動きを再現できるように手助けします。すると子供はもう一度、親のほうを向くことができます。

ボディー・セラピーの中にも同様のテーマが流れています。以前、四歳の子供に扮したセラピスト――彼は優秀な俳優でもあります――による、親へのさえぎられた愛情表現のデモンストレーションを見たことがあります。泥んこまみれの靴を履いた子供が、手に花を抱え、庭からスキップでやってきました。そして掃除をしているお母さんの所へ駆けよりました。お母さんは掃除したばかりの

床が気になり、「ストップ、こっちにきちゃだめ！」と叫びました。子供はギクッとしてその場に釘づけになり、肩を震わせます。セラピストがして見せたこの体の動きはとても印象的でした。母も子もお互い傷つけるつもりはまったくなく、単純に自分に正直な行動をとっただけ——そのことが、あまりにもシンプルで明確だったので、参加者は皆、大笑いしました。このようにして、そのセラピストは、単に筋肉が誤った身構えを習慣化することによって、知らないうちに、私たちの身体的なパターンが作られることを示しました。私たちは身構えることによって、より深い傷を負うことを回避していると思い込んでいますが、実はそうすることで、エネルギーの流れを妨害しています。その結果、この体勢を保つためにエネルギーを浪費し、そのことにすら気づくこともありません。通常、身構えの姿勢は、このデモンストレーションのような出来事が繰り返し起こることで習慣化された行動パターンとなります。すると体の動きは常に緊張を伴います。肩が上にあがり、頭が後ろに引かれ、屈した姿勢となります。筋肉に閉じ込められていた緊張が解放される時に最初に受けたショックが再び浮上しますが、そうしてまたエネルギーが自由に流れ出すのです。

今の話は、さえぎられた愛情表現を上手に描写していますね。親に届こうとする動きがさえぎられると、体は後ろに引かれ頭は上を向きます。この正反対の動きは頭を前に垂れ、手をその前方に伸ばす姿勢でしょう。

この方法のように、純粋に身体のレベルのワークで、途中でさえぎられている動きを最後まで終わらせ、身体の中の緊張を解放させることは、間違いなく可能でしょう。私はたびたび、クライアントに年齢を遡らせて自分の中にある決定的な場面に行かせ、そこで花を持って母親に向かっている状況をイメージさせることがあります。これも遮断された動きの本来の目的を最後まで遂行させ、緊張を解放するもう一つの方法です。様々なアプローチが同様の結果を誘導することは明らかです。
先ほどの例のように体が堅くなっている子供は、母に近寄るための自信を欠くばかりでなく、後に、他者に対して同様のスタンスを持つようになり、他者に対して開くことができなくなります。その場合、ただ他者に手をのばし届こうと練習をすることは、ほとんど手助けになりません。幼児期にさえぎられた出来事に戻り、その動きを再開し、そして完了させることが必要です。

ボディー・セラピストはおそらくこう言うでしょう。痛みと緊張が思い出され、解放されると、親や他者との関係も変わるのですと。

その主張における危険性を一点指摘したいと思います。幼児はその出来事があった瞬間はショックを受け、おそらく怒りを感じたことでしょう。この表面上に現れた感情と遮断された行動とのつながりが適切に理解されないと、表面上にある感情――怒り、絶望、痛み――のみが表現されてしまいます。しかし、子供がしたかったことは母親に花を渡すことだったのです。この子供の愛に寄り添えば、怒りや絶望に焦点を置くよりも迅速にゴールに到達できます。
この違いは重要です。私はクライアントが描写する感情を取り上げてワークはしません。私はプロセス全体の画像を見て、最初の刺激であった感情にまで行きます。それはいつだって愛です。例外に出会ったことはありません。

他の手法は、無駄に長期のプロセスを要するということですか。

先ほどあなたが話していたセラピストは、きっと間違いなくさえぎられた愛情表現を完了させることでしょう。私はただ表面に出ている感情に焦点を当てることへの潜在的な危険を指摘しているだけです。表面にある感情は解決をもたらしません。それらの感情は、もともとの愛を持った動きを取り戻す代わりに、過去の体験をより頑固に強化するだけです。これらの感情は親の元に愛と共に戻るのでなく、親から離れることを正当化します。

□ 道徳的な要求

今のは、療法上の手順についての話ですよね。でも良いセラピーのゴールはすべて同じ——クライアントが成長する助けをすることでしょう？　つまり、自分自身に責任を持つこと、他人に自分にふりかかった困難を負わせたりしないこと、また自分自身の内なる声に従う能力をもつこと。

それらは道徳的要求で魂を硬くさせるものです。ものすごい努力を必要とすることでしょうし、何よりも問題なのは、そのゴール自体にサポートする力がないことです。

セラピストの中には、人がどうあるべきかという必要条件を設定する者もいます。個性化し、大人になり、自我の力を獲得しなければならないと言います。これらの言葉の真の意味はどうであれ、これらの期待に応えることを考えたら、自分が小さく、そして不十分な存在だと感じるでしょう。しかしこれらのことは、自然と家庭で育つものなのです。

幼児期の子供は家庭へ強く結びついていますが、そのうち彼らの世界は広がります。もし、家族が提供できるものすべて受け取り、それを適切に自分自身の糧とすることができれば、その後、物事は努力しなくてもスムーズに進みます。大人になろうと励む必要などないのです。なぜならすでにその人は大人ですから。

人が、「これは解決しなければならない」と考えていることは、たいてい、本当に本人がしたいことではありません。言い換えると、本当にしたいことであれば、解決をする、という方法で自分自身を後押しする必要はないのですから。解決をするということ自体、何かが欠けていることの証明です。それは受け取り損ねたもの、または秩序全体の中に取り戻されなければならないものがあるということの証明です。ですから、セラピーで道徳的なことがテーマとなると、いまだ完了されていない物事があることが私には分かります。そこで、私はクライアントが受け取り損なったものを受け取る動作を完結することを、または手放すことを手助けします。

12
勝利は成功を奪う
"TRIUMPH MEANS FOREGOING SUCCESS"

□ 感情を区別する

あなたはたびたび、明るみに出された愛について話しますが、対極にある怒り、憎しみ、ねたみといった感情はどのように捉えていますか。私が見てきた限り、あなたのワークには怒りが存在する場所がありません。なぜですか。

私は原始的な感情と、その感情の代わりとなる感情を区別しています。原始的な感情は行動することを促します。代償の感情は行動に取って変わる役割を果たします。だからこそ、代償の感情を取り上げワークすることは生産的ではないのです。それは行動することを拒む姿勢を強化するだけですから。

□ ねたみ

ねたみのような感情にこの違いを見ることができます。ねたみは代償を支払わずに何かを欲することから生じます。ですから私はねたみを扱うよりは、その人が成功や功名のために代価を全部支払う決意を固める時点にまで導くようにしています。

□ 怒り

怒りの場合もほぼ同じです。最初の怒りは攻撃された時に生じます。怒りは人が積極的に行動し、自分自身を守るための強さを与えます。これはもちろんポジティブで必要な機能です。しかしほとんどの怒りは幻想から生じます。実際、私自身、自分のワークの中でこのことを体験しました。ファミリー・コンステレーションのワーク中、ある人びとにいらついたとしましょう。そして「この人たちはどこがおかしいのだろうか、どんな事情があるのだろうか、なぜこうも私に反発的なのだろうか」などと自問し始めます。私はこの時の自分自身の感情と推測は正確ではなく、信頼できないことを知っていますし、実際確かめてみるとその度に、私が推測したこととは違うことがわかりました。私の怒りは単に私の内面にあるイメージへの反応として湧き起こったものだったのです。この種の怒りは情報に基づいたものではなく、投影と疑いによるものです。つまり、その場で起こっている現実にまったく基づいていないものです。

怒りはたいてい抑圧されている感情ですから、人が本当に怒るということはごく稀です。しばしば、まったく怒りとならない場合もあり、完全に不適切な片隅に隠されてしまうこともあります。

怒りは正当な要求事項がありながら、それを主張しない時にも生まれます。この種の怒りもまた、行動することの代償として生じたものです。

セラピーの中で表現される怒りに対して、あなたは好感を持っていないと言いました。しかし、実際に、自分が持っている怒りのエネルギーを感じることを学ぶセラピーのプロセスがあります。怒りにはとてつもないエネルギーがありますから。

その種の怒りが持つ強さは多くの場合、にせものです。背景にある決定的な感情は、愛と痛みです。痛みと向きあう代わりに怒ることを選ぶのかもしれません。あるセラピーで一人の男性が幼児期に殴られたことを思い出し、自分を傷つけた相手に対して怒りの感情が湧いてきたことがあります。怒ることによって、彼は痛みを体験することを避けました。彼の場合、「本当に痛かった」と言った時に、彼は違う次元に進むことでしょうし、より強く、より自分自身になるでしょう。痛みを感じることは、「仕返しをするからな」と言うことより、よっぽど深いのです。

たとえばグラスなどを投げ、「なんてことをするのよ！　よくも私にそんなことができたわね！」という感情を表現することはあると思います。私はそれの何が悪いのかわかりません。もちろん、

痛みは消えないでしょうけれど、感情をダイレクトに表現しているのですから。

私には、その種の怒りは痛みの表現だと見て取れます。問題は、その方法では危険な境界線に近づくことです。もし、その線を一歩越えてしまうとすべてを失ってしまうでしょう。怒りは表現されたかもしれません。しかしそこから先には進みません。

ここで私は勝つことと成功することの間にある違いを明確にしたいと思います。勝利に導く感情は、成功を犠牲にして得られるのです。

そして自分がより立派であるかのように感じる。

私が気高き者で、あなたは豚。(注1) 私が忠実な妻で、あなたはただの浮気者。勝利の代償はパートナーの喪失です。その一方、成功は目前に控えた勝利を犠牲にすることで獲得できます。

アジアの文化では、面子を失うことは許されません。この原則に従うことで、将来の成功を確実なものとします。もし相手が何か酷いことを過去にしたとしても、私が相手の面子を保つようにしたら、その人とつながることができ、その相手は罪滅ぼしのために可能な限りのことをするでしょう。もし私が相手の顔をつぶせば、その人との関係は終わります――更に悪い結果として敵を作ります。それでは勝ったことになりません。ただの傍観者である周囲の者でさえ、本能的に状況の釣り合いをとろうとして敗者側(つまり面子をつぶされた側)に立ちます。

勝者は成功を看過する、もっと言うと、もともとは勝者の支援者だった者たちも、痛手を負った側に付きます。これは不可抗力的な衝動です。

□ 憎しみ

多くの感情は、単に愛と痛みの裏返しです。たとえば、憎しみは愛の裏返しです。愛する人との関係で傷ついた時に生じます。憎しみを表現することは愛への道筋を阻みます。もし人が「あなたを深く愛していました。そしてあなたのしたことは、ひどく私を傷つけます」と言えたら、憎しみの感情が入り込むことはありません。このような表現の後には、まだ和解が可能です。憎しみを吐き出した後には不可能です。憎むことで、あなたはあなたが本当に欲しかった、正にそのものを失います。

□ 不安

愛の反対にあるものは不安だとある人びとは言っています。

愛の反対は無関心です。別れ話が出ているカップルがセラピーを受けに来た場合、私は彼らの間にどれだけの関わりがまだ残っているかに焦点を合わせます。もしそのカップルが大きな痛みを抱えているなら、そこにはまだ関わりが残っているので和解につながる可能性は高いのです。もう痛みも感じていないのなら、関係は終わっている。無関心がすでにすべてを覆ってしまっている。

さて、不安の話に戻りましょう。具体的な不安とは、たとえばお母さんが去ってしまい、二度と戻らないだろうとか、何か恐れる対象がある時です。たいてい親は、子供がこの種の不安を持たないようにできる限りのことをするので、子供は安心していられます。しかし不安のない幼少時代という幻想はユートピアであり、そんなものは存在しません。誰かが、子供が恐れを体験しないで育つように教会などを含む子供を取り巻く環境から不安材料を予め取り除かなければならないと主張したら、私はこのストーリーを話すことでしょう。

あるところにおばあさんがいました。孫のためにおとぎ話を、ぞっとしないものにしたいと思っていました。おばあさんが好ましくない部分を削除した改訂版のおとぎ話をしたところ、孫はおばあさんを怖がり出しました。

不安は何かに付随する感情です。もし不安が付随していそうなものをすべて排除しようとすると、不安はより大きなものに成長してしまいます。恐ろしい状況に直接対面するほうが良いのです。たとえば、ある家でおじいさんが死んだら、私は子供たちの手をとって、「おじいさんは死んだよ」と言うでしょう。おそらく子供の手をおじいさんの手に触らせ、「ほら、もう、おじいさんの手は冷たいだろう。これからお墓に埋めてあげるのだよ。でもお前たちは、ずっとおじいさんのことを思い出せるからね」と言うでしょう。そうすれば子供は恐れの感情を抱かずに死を見つめることができます。子供におじいさんの脇に横たわらせるかもしれません。子供たちが起き上がった時、彼らは不安から自由になっています。なぜなら恐れと直面したからです。

セラピーの最中、私はよくクライアントを——たいていトランス状態で——死のベッドへつれていくことがあります。そこでクライアントに愛する者がそこに横たわっていることを直視させることがあります。

そうすると、彼らは死の恐怖と直面したことになるのですか。

死者の恐怖に直面したことになります。子供が恐怖心を持つ状況では、子供に安心できる環境を与えながら、その状況まで連れていきます。この方法で、子供は怖い状況をどう扱えばいいかを学ぶのです。

恋愛などの関係では、関係が密になることへの恐怖、人を受け入れることへの恐怖がつきまといます。これが多くの性的な問題の根源でもあります。私が愛と不安を関連付けて捉えるようになったのも、このことからです。

はい、その種の感情は存在しますね。男性の持つ主たる恐れは、女性に明け渡すことへの恐れです。ワーグナーのジークフリート(注2)を例に説明しましょう。ジークフリートは、ブルンヒルトのよろいをはずした時、ブルンヒルトが女性であることに気づき怖くなりました。この恐れは生と死の深みに関するものです。

明け渡すことへの恐れは、男性が広く共有する特徴だと受け止められていますが、私は同じように女性も持っていると感じます。

当然、女性も女性としての感じ方で感じるでしょう。ちょうどブルンヒルトがジークフリートに対して感じたように。

私は、男と女は双方とも愛を充足させると、その結果として解消することができない絆が創られてしまうことを知っているので、その知識が恐れを呼び起こすのだというイメージを持っています。最近の一般的な考え方に反するようですが、どうやら私たちは深い次元でこのことを知っているようです。

あなたにとって絆と恋愛とは同一のものですか。私がこの質問をする理由は、恋愛の関係においても明らかにこの種の恐れは存在するからです。

恋愛と絆は同じではありません。恋愛のほうが軽いものです。よく私たちは交際をすることで絆を回避することさえあります。カップルが付き合い始めても、最初からそれは一時的なものでリスクを背負わない場合があります。この場合、そこには関係は存在しますが絆はありません。もしどちらかのパートナーが生殖不能の場合も、絆の生じない関係となります。反対に絆は関係がなくても存在し得ます。たとえばレイプの場合など。

ということは、絆は子供を持つことと関係するのですか。

いいえ、愛の成就と関係するのです。もし、一部分でも除外されていたら絆は作られません。でもここで、ものごとがこうあるべきだという宣言のような印象を与えぬよう、とても慎重にならなければいけません。絆が存在するかどうかは、その作用によって観察可能です。

あなたは絆を、ファミリー・コンステレーションや世代間で観察可能な結果によって説明するのですね。

その通り。それが誤解の可能性すべてを解消するでしょう。結果によってのみ定義づけられるのです。

□　鬱

セラピーの中でクライアントが、親に対する怒りを叫んだり、殴ったりすると、後で自分自身を罰すると先ほどあなたは言いました。自己懲罰とはどのようなものですか。どうやってそれが表面化するのでしょうか。

たとえば、彼らは鬱になったりします。

もし彼らがまだなっていなかった場合ですね。（鬱気味で）怒りを表現できない人はたくさんいます。

人は怒りを抑圧することで病気にはなりません。病気になるのは、解決につながる行動を抑圧している場合です。怒りそのものを表現することは決して人を解放しない。そこには、まだ適切な方法で処理されなければならないことがあります。

先ほどあなたは、もし彼らがまだ鬱になっていなかった場合には、と言いましたね。たびたび目にすることですが、鬱の人びとはどちらかの親を十分に受け取っていないことがあります。叫んだりして親に対する怒りを表現することで、親をより遠くに押しやってしまう。これはただ人をより鬱にさせるだけです。

自己懲罰は、時に失敗するという形で表れることがあります。仕事において職を失うとか、就職を見つけられないとか。または関係においてパートナーを失うとか。それから財産を失うことで自分を罰することもあります。

怒りを表現させる類のセラピーに参加した者は皆、失敗者だと言っているわけではないですよね。

状況の深刻さと程度によるでしょう。良い成長の基本は親を敬うこと、親であることの意味を尊重すること、そして受け取った生命を後世代に継承することです。親がどんな人間であったかという問いはここでは不適切です。親を軽蔑している者は、その軽蔑したことと同じようなことをして生きていくでしょう。両親を尊重しないことによって、両親のようになることを確実にするのです。

親を尊重し、親を完全に受け取ることができる者は、親が与えることができる善をすべて受け取ることができる――それらは流れ込んできます。奇妙なことに、両親から受け取ることができる者は、親の持つ弱さや困難な運命から免れます。

ナンシー・フライデー（Nancy Friday）が書いた『私の母、私自身』(注3)という本があります。彼女は多くの人が日常で気づいていることを実に見事に描写しています。ある日突然、鏡をみたら母親にそっくりの自分がいる。いわゆる日常の中で、ある時、自分は絶対にしないと誓ったことをしている自分に気づく。私たちには親と同じパターンを繰り返すある種の強迫的な衝動があるようです。

そう、親を拒絶するほど親に似ます。もし片方の親だけ拒絶されていた場合、拒絶されている親のほうに注意が集中されます。たとえば、アルコール依存症の父や、既婚外の子供をもった母親など。そうすると、その親が与えるべき良いことは隠されてしまい、受け継がれることがありません。それは、子供の人生の多くの側面に影響を与えます。そのような人が空っぽだと感じ、鬱の傾向を持つのもまったく自然なことでしょう。

なぜなら与えられたものが受け取られなかったからですか。

その通り。要求するというのも、親を拒絶している一つの形です。親はこうあるべきだ、または自分に対してこうするべきだと要求することは、本質を受け取る妨害となります。

□ 受け入れること、受け取ること

受け取ることについてもっとよく説明してください。

私は、受け取ることが最初のプロセスだと考えます。私は受け入れることと受け取ることを慎重に区別しています。受け入れることは上品で寛容です。一方、私は受け取る時、そこにある、私に開かれているものすべてを、ただそのまま受け取ります。受け取る行為は謙虚で、両親をありのまま承認します。そうすることは、同時に自分自身をありのまま承認することです。これには深い和解的な要素がある――ゆっくりと休むことができます。それは良い悪いの判断を超えるものです。

親について自慢することもまた、親を受け取っていない印です。理想化も本質を締め出します。

つまり受け取ることは賞賛や理想化、そして非難を超える。

そうです。それは評価のないこと、そしてまったく基本的なことです。このように受け取ることができる人は、親とも自分自身とも透明な関係を持つことができ、自分の足で生き抜くことができます。

□ 痛み

セラピーは皆、親との関係、そして叶えられなかったことによる痛みを扱います。

「叶えられなかったことによる痛み」――この文章自体ネガティブに作用します。

だからこそ、あえて持ち出したのです。親をありのままの姿で受け取るという話ですが、ある人にとっては、とてつもない努力と時間を要するプロセスではないでしょうか。これは自然にできるようなことではないでしょう。たとえばアルコール依存症の父を持つ子供にとっては困難であるように。

父親がアルコール依存者であることに子供が痛みを感じているとしたら、父親を受け取れないでしょう。

でも、親を受け取ることは、頭の中で決断したことだからといって、できることではないでしょう。

つまり、親がアルコール依存者だとしても、その親を受け取らなければなりません、と教えることは何の役にも立ちません。

それは効果がありません。その子が自分の深淵にある愛に気づき、そして「ありのままのあなたを、私の父として受け取ります」と言うことでしか解決への道は開かれません。親に対して痛みを感じることは、このような動きを阻止します。その子は父をありのまま受け取るために、痛みを超越した次元まで行き、痛みを克服しなければなりません。クライアントに対して、痛みを感じて当然だと言うことは、この動きを妨害します。

たとえば父親がすでに死んでしまっているなど子供が父の元へ戻れない場合は、これとは少し事情が異なります。この場合の痛みは、父を失ったことによる喪失の痛みであって、先ほどの痛みとは質が違います。愛のある痛みです。しかし、親を拒絶または卑下する姿勢を含む痛みは、ネガティブに作用し、結果的にその人を弱くします。

でも、アルコール依存者を父に持つことは、子供にとってある種の喪失を意味します。酒に酔って帰宅し、妻や子供に暴力を振るう父によって、平和に暮らすという願いが叶う可能性は奪われたのです。

自分は誰かによってひどい仕打ちを受けたという痛みや嘆きは、ネガティブな影響を持ちます。

セラピーにくる人は皆、必ず傷のある場所を持っています。父と母に関係する幼児期の体験を避けて通ることはできません。それに加え、親の手によって傷つけられた幼児期の傷の跡を実際に持つ

子供はたくさんいるのです。あなたはこの現実とどう直面するのですか。どこかに必ず人が抱え込んでいる痛みを扱う方法があるはずです。単純に頭の中で「ありのままのあなたを受け取ります」と言うことでは済まないでしょう。何ができますか。

以前の私は、今のあなたと同じようなことを考えて答えを探していました。しかし、今ではそれらの考えは私の領域外のこととなり、本当に考えられなくなりました。あなたにはどうやら怒りと痛みを外に出すことにより、物事の秩序を取り戻すというイメージがあるようです――まるで、そのようにして秩序を取り戻すことがあなたの手中にあるかのように。

私は秩序を取り戻す話はしていません。私は癒しについて考えているのです。

父と母と共に深い痛みを体で感じることは、人を癒します。私なら「哀しいね」という表現を使うだろうと思います。ただ哀しいことだからです。この表現の中には非難が入る余地はなく、そこには共有された痛みだけがあるのです。

先ほど、さえぎられた親への愛情表現の話がありました。そこではあなたはクライアントをそのさえぎられた時点にまで戻るように誘導すると言いました。

そうすることで、その動きは完結され何かが修復される。それでもそこには「哀しいね」という感覚が、もう一つの次元で存在します。長いことかかった道のりに対する嘆きです。この表現は何かを矯正し取り除いたりしない、価値のある表現です。これからの有益な働きのために放たれた、生きたエネルギーのようなものです。

つまり、変容のプロセスのはじまり。

その通り。

私たちは体験について話してきています。すべての体験は後に新しい体験によって広げられ修正されるものです。（アルコール依存症の親を持った子供の場合はこうすると良いなどの）一般論は、本質的な必要性や精密な観察のプロセスから外れてしまう。そうすると、あなたは現実を見失ってしまうでしょう。一般論の役割は、観察するための必要な課題の道筋を示すことだけです。一般論的な主張は、見るべき方向性は与えるかもしれませんが、各自が自分自身の体験からしっかりと見ることを学ばなければなりません。

（注1）原文は" I am the noble one and you are a pig "（訳注）

（注2）ジークフリート(Siegfried)は、叙事詩『ニーベルンゲンの歌（Nibelungenlied)』の中に出てくる大竜を退治して宝物を奪い、女傑ブルンヒルトを王の妻とした英雄。（訳注）

（注3）原文のタイトルは" My Mother, Myself "（訳注）

13

物知り顔は知を拒む

"A KNOW-IT-ALL REFUSES KNOWLEDGE"

□　知識と気づき

あなたの数々の洞察は、どのようにして得られたのですか。以前、あなたはパラダイム・シフトと新しい悟りを要すると言われましたけれど。

一つの事柄ともう一つの事柄の間につながりが見えた時、私はそこに焦点を合わせます。これはイデオロギーと対極の姿勢です。私は何も期待せず要求もしません。私は何もかつての村落共同体にあった狭い道徳に戻るべきだと言っているわけではありません。少なくともそれは私の関心事項ではありません。

私が見ているのは、家族には特定の秩序というものがあること、そしてそれに沿っているかどうかが人びとに影響を与えるということです。これらの影響は避けられない。私はそれを明るみに出そうとしているのです。このこと自体がクライアントを啓発します。家族に深い次元で起こっていることが何であれ、それをはっきりさせ、表に出すのです。

でも、他の人には、その秩序が見えません。

目を開けば、見えます。私は、もし何が起こっているか見たくないという人がいたら、その人を説得しようとおせっかいは焼きません。ただ見ようともせずに批判したり、意味のないことと決め付けたりすることには異論があります。

例として、再婚のケースについてたびたび起こることをお話しましょう。ファミリー・コンステレーションでは、二度目の結婚において生まれた子供が、最初の結婚相手を代理していると分かることがあります。最初のパートナーの感情を、その子供が知らないうちに受け継ぐのです。もしその最初のパートナーが女性の場合、二度目の結婚で生まれた娘はそのパートナーの場を受け継ぎ、自分の母親にライバル意識を抱くでしょう。理由も分からないままに。その娘は父に対して夫婦を思わせるような態度をとります。最初のパートナーが正しく敬意を払われていないと、このようなことが起こります。

さて、誰もが私のこの主張について、おかしな仮説を立てていると言うことでしょう。でも、議論を仕掛けてくる前に、私はそういう人たちに、私が言っていることが仮説かどうか自分の目で確かめることを提案します。彼らが目を開いて自分の目で見た上で、違うことを発見したら、その発見事項を交換する土台ができます。双方がそこに何があるかを観察したことにおいて。

ではどこを見ればいいのでしょうか。

今のケースでは、その家族を見ながら最初のパートナーがいる場所を見つけることでしょう。そしてあなたの見たままに働きかけるのです。それはファミリー・コンステレーションという手法で、特にはっきりと見ることができるでしょう。

知の起源について進歩主義的な立場をとる人々は、すべて馬鹿げていると酷評するでしょうし、ファミリー・コンステレーションそのものの信憑性を疑うことでしょう。

ある学者が、最近私が行ったワークショップに招待され、ファミリー・コンステレーションを見ました。彼はその後私の友人に、これがナンセンスであることは見るまでもなく分かると話したそうです。

その一件は、ガリレオに対して、木星の周りに月がないと知るために望遠鏡を見る必要もないと言った教会職員の話を思い出させます。分かりきっているという姿勢は新しい知を拒みます。

あなたの言う秩序やもつれ、そしてその影響は見て取れたとしても、私にはまだ不快感が残ります。それは、あなたの言葉があまりに断定的に聞こえるからです。秩序を取り戻すとは一体どういう意味でしょう。

私はいつも具体的なコンテクストにおいて発言しています。ファミリー・コンステレーションでは、クライアントは突如今まで隠されていた事象を視覚的に見ることになります。そのように見えた時に、私はそのシステムについてコメントをするのです。それが時にはとても辛辣に聞こえるようですね。

最近のワークショップでのクライアントは、母の三人目のパートナーとの間に生まれた女性でした。最初の子供は祖母のところへ預けられていたのですが、その人の代理者が奇怪な雰囲気を感じさせました。二人目の子供は生まれて間もなく亡くなりました。突然、私にはその二人目の子供は殺害されたように見えました。私はクライアントにその子は殺害されたのかと尋ねました。彼女は、真実は知らないけれど母親は最初の子供を殺したがっていたという話が常々されていた、と言いました。

突如、殺人というテーマがこのファミリー・コンステレーションの中に、そして会場全体に広がりました。このようなことは参加者を驚かせます。

私はこれが事実なのだと主張しているわけではありません。布置の後半で、そのクライアントは、自分が持っている息子に対する殺意を感じて恐ろしくなり、また、息子はクライアントに向かって暴力的な行動をとり——この親子の関係が危険に満ちていることが明白でした。そこで、クライアントの母（初めての子に対して、少なくとも殺意を持っていたとされる）の代理者を部屋の外に出させ、かわりに父親を配置しました。すると布置が落ち着きました。

クライアントは早死にした父と和解することができました。次に自分の息子を父に紹介しました。それから息子は父のすぐ傍に立ちました。この父と息子は一緒に生活をしたことがありませんでしたが、息子は父の傍で安堵感を覚えました。

このような極端な例では、私たちがすでに持っている知識は役に立たず、自分の中から生じる気づきを信頼することしかできません。自分の気づきを疑う者や、気づきがもたらす結果を恐れる者は、見えないことにしたり、違う方向を見ようとしたりすることでしょう。でもそれは成功しません。

□ 権威

私は権威を持って進みますが、権力主義者ではありません。私はただ自分の洞察に従い、注意深くその洞察が状況に合っているかどうかを確かめます。そして後からクライアントが楽になったとしたら、私の役割は認められます。

私にとって権威とは、必要とされていることに積極的に応答できることを指します。権威の基礎となるのは、ニーズの程度とそのニーズを遂行できる能力の割合です。つまり、そこにあるニーズが大きく、それに応える能力が高くなるほど、私の権威は大きくなります。

ニーズに応えることもせずに権威を主張することは権力主義的です。権威を主張しても、本質的に何が必要とされているかを見極め、遂行する能力がない、もしくは遂行しようとしない者は権力主義者です。

□ 今ここに根ざす

セラピーの必要性と関連して、あなたは以前、田舎に住む人はセラピーなしに物事を解決することが多いと言いました。セラピーは都会にのみ必要なのでしょうか。田舎暮らしの素朴さを理想化していませんか——村社会や農村の幻想を。

心理療法で私たちが出会うのは危機に直面している人ですから、セラピーを必要とせずに危機を解決する人びとを見る機会がほとんどありません。

農村では人生は素朴ですべては秩序のもとに動いている、とあなたは言いたいようですが。

いいえ、そうではありません。田舎に暮らしている人の持つ強さは、人生において何が今必要で、何が本質的なのか、ということと関係しています。たとえば、仕事に対する感情などです。

奉公に出た者はおそらく生徒よりも魂の重みがあるでしょう。弟子は何かを先延ばしすることもできなければ、理論の中に逃げ込むこともできません。奉公に出た者はただちに現実に従う必要性と直面します。それがその人に現実に根ざした強さをもたらします。

今、ここに根ざすとは?

ある物体が私たちの前に置かれ、行く手を阻んでいます。現実は私が順応し、従うことを要請するでしょう。農家の人が天候や季節、またなんであれ、現実に抵抗せず、ただ平伏すように。職人が使用している素材、道具、そして計画書に導かれるしかないように。そこには創造性を生かす余地は十分にありますが、素材はある枠組みを限定し、職人がこの境界線を超えることはできません。あらかじめ与えられている条件と限界が地球との調和に導くのです。このような必然性から自由な者——たとえば財産が十分にあって働く必要のない者など——は、この厳しい現実に直面していません。この現実との直接対決からの保護は、個人と地球との間に距離を作り、個人とその人自身との間にも距離を作ります。

14

罪も善を生み出す

"SINS ALSO HAVE POSITIVE CONSEQUENCES"

□　もう一つの秩序

誰、または何が秩序を破壊しますか。戦争のように人が加害者になった時ですか。道徳的な次元で言うなら、同性愛とか、真実から隠され、里子に出された既婚外の子供とか。それとも道徳的事項は例外ですか。あなたが秩序は社会的道徳とは独立していると言ったので、あえてお聞きしたいのです。もし独立したものであるなら、この「魂の秩序」は社会的同意を崩壊しかねないでしょう。

ええ、しかねません。ファミリー・コンステレーションをすると、これまでに排除されていた者は再び居場所を与えられなければならないと分かるでしょう。たとえば、五人の男性との間に五人の既婚外の子供を持つ母親は道徳的糾弾を受けるかもしれません。ここで、何をモラリストが見落としてしまうかと言うと、この宗教社会的な罪もしばしばポジティブな結果をもたらすということです――この例では五人の子供の生命です。もしこの女性の家族システムを配置してみたら、この女性には、彼女を批判する者たちが持っていない特別な強さがあると見えてくるかもしれません。彼女は人生における困難を独特な方法で生き抜き、自分の性の結果を受け入れ、子供の生命をこの世に送り出したのですから。

□ 忠誠心

道徳的判断基準で悪とされる行動の背景を見てみると、家族システムの力学に従順であったことが見えてくるでしょう。システム的なもつれがなかったら、他者から糾弾されるような困難な業を誰がするでしょうか。非嫡出子として育った人が、母親への同意の現れとして、自分も非嫡出子を持つことがよくありますが、これは愛と忠誠の一つの形です。

忠誠心はいつも愛の表現でしょうか。それとも未解決のしがらみでもありえますか。

忠誠は愛です。それは自ら家族の困難な運命を共有しようという意欲です。

子供は家庭に反発をすることがあります。たとえば高齢になった両親の世話を拒否するなど。これはこの種の忠誠心と絆への裏切りですが、忠誠心と絆を破壊することはできません。

それでは忠誠心は自己を罰する結果をもたらすこともある。

それは自分ではなく他者に向かう場合もあります。必ずしも裏切り者に向かうわけではありません。多分、影響はその人の子供の世代に表面化するでしょう。実際に秩序を壊した者には何も起こらず、次の世代の子供たちがその代償を支払うことを、よく目の当たりにします。

カップルの関係において、この忠誠心はどのように機能しますか。

忠誠心は二人が持っている共通の関心事項、たとえば子供がいるなら子供などに関与します。ここでの忠誠は、子供を共に育てるために、お互いに頼り合うことができるという意味です。ここでは、忠誠心は良い目的に仕えます。子供のいないカップルや子供を欲しくないカップルにとって、忠誠心は違った意味を持ちます。

カップル間の忠誠心について、覚えておくべきことがもう一つあります。それは、カップル間でしばしば要求という形で現れる忠誠心は、子供の母親に対する要求と同じだということです。

カップルの関係において？

このような要求の背景にあるのは、捨てられることを恐れている子供の恐れです。この種の要求をパートナーにすることは関係を壊します。パートナーはパートナーではなくなり、母親になってしまいます。これは男性にも女性にも当てはまることです。この種の忠誠の要求は関係を強くするのではなく、弱めてしまいます。

大人の間の忠誠とは「私を尊重してください、そしてお互いの共通の取り組みにおいて信頼し合っていきましょう」というものです。これは愛を強め、固い地盤を作ります。どちらかが「私を置いていくのなら、自殺します。あなたなしの人生なんてまったく意味のないものです」というのは、カップルの関係の本質を誤解しています。二人のパートナーは大人です。お互いの頼り方は子供が母親を頼ることとは違います。カップルの間の忠誠心が母と子の関係のように転じてしまうと、パートナーはたいてい去っていきます。なぜならその要求は常軌を逸しているからです。

しかし、忠実でないことと去ることとは異なります。

カップルが、パートナー以外の人との間に意味のある関係を持つことは可能です。性的な関係も含めてです。人間の営みは、それが単に論外であると裁けるほど単純ではなく、もっと複雑なものです。もしパートナーに対する基本的な忠誠心と信頼感が残っていて、外での体験による個人の成長がこのパートナーシップに取り入れられるのであれば、ポジティブな結果を生むでしょう。

その一方で忠誠は、自分が育った家族との未解決のしがらみによって妨げられることがあります。たとえば、もし女性が未だ自分の父から親離れできていなかった場合、彼女は夫以外に父親を求めるでしょう――それがたいてい愛人です。それについて簡単に裁くことはできません。重要なのは、その状況にどうやって秩序を取り戻せるのだろうかということです。父との未解決なつながりから解放し、母親の隣に立つことで、おそらく彼女はもう愛人を必要とはせず、妻として夫と完全に関係を持つことができるようになるでしょう。

母親から離れられていない男性にとっても同じことです。もし彼が父の横に立てば、もう妻以外の女性を必要とはしないでしょう。

これとは反対で、妻がまるで母親のように振る舞い、夫を再教育しようとしたら、夫はこの「おかあちゃん妻」の他に女性を求めるでしょう。そしてその愛人が妻となり、妻が母となります。父親のように振舞う夫を持つ妻にとっても同じです。おそらくそこには、たくさんのもつれの可能性があり、このようなことを簡単に、誠実だとか不誠実とか、忠誠心があるとかないとか判断することは、人生の全体性や複雑さに対して正当ではないでしょう。

□ 中絶

システム的にみて中絶の影響について教えてください。

影響という視点に立つなら、それはいつでも男と女の人生において決定的な出来事であると言えるでしょう。中絶がほとんど生き残りの手段である中国では、もちろん私たちの文化においてとは違う意味があるだろうと思います。

この文化でも、女性は生き残りの手段として使うこともあるでしょう。

問題は、魂がそのように見るだろうかということです。あなたがどう考えるかと、魂がどう承諾するかには違いがあり、それを区別する必要があるでしょう。もしそれが魂からきたものでなければ、議論の上で良いものであろうが助けになりません。なぜなら魂は議論のルールに従うものではないからです。

中絶の最初の影響はカップルの関係性に現れます。たいていの場合、関係は終わります。理にかなっていますよね。なぜなら中絶した子供がパートナーなのですから。中絶は別離の儀式のようなものです。私たちは今別れる、そしてカップルとしての未来はない。

もし中絶の痛みが共有されるなら、カップルであり続けられるかもしれません。双方が罪を受け入れることが、新たな出発を許すこともあり得ます。しかし関係の密接さが決して取り戻されることはないでしょう。これは認めなければならないことです。

この他の影響と言えば、特に女性の場合、自分を罰するようになることがあります。彼女は一人で生きていくことを選ぶかもしれませんし、他の永久的な関係を拒否するかもしれません。


一九五〇年代、中絶は一つの避妊法でした――当時、二十万もの違法な中絶がありました。私の周囲には中絶したことのない女性は数えるほどしかいませんでしたが、その多くは後にパートナーとの関係を持ちました。


それについて私は、少し懐疑的です。実際に中絶がどう影響したかは、一つひとつの家族システムを見てからしか、コメントすることはできませんから。

私は道徳的な裁きをすることに関心はありません。ただ、起こったことは取り消せるという幻想を捨てることは重要です。このことは、解決を探すために常に思い起こす必要があります。中絶に関して言えば、子供が一旦中絶されれば、まるで何も起こらなかったかのように、問題はすべて解消されるという幻想が広まっています。子供が生まれなかったとしても、受胎と中絶はシステムに影響を残します。中絶の決断をした時、この影響は一生続くのだという理解を持ってされたなら、結果はまた違うでしょう。中絶するかどうかはとても深刻な決断です。

15

性質《たち》の悪い心理—資本主義

"PSYCHO-CAPITALISM OF THE WORST SORT"

□ 自己実現、絆、達成すること

現代、個の成長に高い価値が置かれています。あなたが家族システムに内在する秩序について語ったように、もちろん私たちは限りなく自由なわけではありません。あなたは自己実現にどの位の価値を置いていますか。

しばしば、自己実現とは、私は自立していて他人を気にすることなく行動することができる、と言うような意味で理解されています。フリッツ・パール (Fritz Perls) の祈りと呼ばれるものに、おまかにいいますが、あなたはあなたに、そして私は私に心を傾注する。あなたがどう感じるかは私の問題ではない。なぜなら私は私の道を歩んでいるから、というのがあります。これはすでにある絆を否定した態度であり、周囲の者にツケを負わせます。私はこれを最も性質の悪い心理——資本主義と呼びます。それはそうとして、自己実現を目指す人について、私の印象をお話しましょう。

自己実現は人をアウトサイダーの立場に置きますから、自己実現を目指す人は、おそらく魂のもつれがあり、システム内の厄介者の代わりをしている可能性があるということです。

父または母がある日パートナーと子供たちに向かって、「これから私は自分の人生を生きていきます。あなたたちに何が起こっても私には関係ありません」というならば、それは家族内で犯罪として体験され、子供がその代償を払うことになるでしょう。親が気まぐれに家族を置いて去り、責任を放棄した後に、子供が死んだり、自殺したり、病にかかったりすることはよくあります。真に絆を断ち切ることができ、そこから成長していけると考えるのは馬鹿げています。いわゆる自己実現者をよく見てご覧なさい。彼らには重みがありません。

どうして重みがないと分かるのですか。

ただ印象としてですが、でもそこには何かがあると思います。目の前にいる人がどの位の重みと力を持っているかは、感じとることができますから。たとえば、小さな問題を抱えているクライアントしか扱わないセラピストがいます。大きな問題を抱えているクライアントは、よそへ行きます。なぜならクライアントには、このセラピストが自分の大きな問題を扱えるほどの心理的な重みがないと直感的に感じるからです。そういうセラピストも自分の個人的な苦悩や困難に直面していくと、ある日突然、自分のところに今までと違った患者が来はじめたと気がつく時がくる。そのセラピストに今までと違う強さと優しさが芽生え、クライアントがセラピストに魂の重さを感じるからです。

つまり臨床において、セラピストが扱えるのは自分自身が体験してきたことか、今現在体験してい

る事柄のみということですか。

年齢とも関係するでしょう。時の経過とともに心理的な重みは育まれます。人生経験の深い高齢のセラピストにしか、実際難しいケースは扱えません。若い人は軽いケースを通して力を育てるべきでしょう。

いつか自然に養われるものですか。

日々のごくあたりまえの事柄をこなしていくことを通して養われます。日常の仕事を完結し、人生が持ってくる事柄に直面していくことで、魂の重みを得ることができるでしょう。何か特別なことを見つけようとする人には、重みは育ちません。

自己実現をした人には心理的重みがないというのは、頭ごなしに決め付けすぎではないですか。

「いわゆる自己実現」と言う必要があるでしょうね。真の自己実現は自分の内側からの招聘に従って歩むことで到達します。内側からの招聘とは、それぞれの人が仕えるよう招かれた特別な任務です。それをする人はだれでも実現しています。内的な平和があり、自分の領域において重みがある。職人でも、ビジネスマンでも、百姓でも、母親でも、父親でも、ミュージシャンでも。フィールドは無関係です。あなたはただ、人生があなたを導くところで実現しなければなりません。それが達成することなのです。

セラピーにおける私の第一のゴールは、クライアントがこのような自己実現に向かう手助けをすることです。

□ 強さと弱さ

あなたはファミリー・コンステレーションをとても深刻な病を持ったクライアントにしています。一回のセッションで十分なのでしょうか。

末期の癌など生と死に関わるようなとても深刻な問題を扱っている時、長期に渡るトレーニングプログラムをしようとはしないでしょう。死と直面している人に、どんな長期的なセラピーをするべきというのでしょうか。

私はまずクライアントが病の深刻さに気づくこと、死が近いことに気づくことを手伝い、最後の時と直面する手助けをします。そしてその患者の家族の中にある癒しをもたらす力を探し、ここで秩序に取り戻すことができるものは何かを見つめます。それは一回のセッションでやれることです。

その一回で十分ですか。あなたのクライアントはほとんどすでにセラピーにかかっていて、そのセラピストと一緒にあなたのワークを受けに来ていますね。

大きいグループワークの時は、確かにそのとおりです。そして必要であればそのセラピストが後のフォローをします。しかし私は違う視点から見ています。深刻な病を持つクライアントのワークをする時、私は「では、また来週」と言うことはできません。そこで求められている課題は、その患者が自分の中にある強さと家族を通した強さにつながることです。私への依存を作り出すことではありません。それ以上のことをするのは、私にとっての療法的ゴールに逆らうこととなります。

つまりあなたは、セラピストがクライアントの持っている力を弱めてしまうこともあると考えている。

その通り。私が自分自身のワークを評価する時の重要な判断基準は、この働きかけがクライアントを強くしたか、それとも弱くしたかなのです。

あなたは強さと弱さをどう説明しますか。

たいてい私は、強くしたか弱くしたかを瞬時に気づきますが、それをテストすることもあります。たとえば、誰かがワークの最中に何か言おうとした時、それをストップさせて、参加者に向かって「今彼が何か話すことは、彼自身を強くするでしょうか、それとも弱くするでしょうか」と皆の印象を尋ねます。ほとんどいつも、参加者は答えが分かりますし、話そうとしていた人も気が付きます。

だけど、この気づきは証明できないものでしょう。

できません。これは直感的な気づきです。

どうやってこれらのことを学んだのですか。

ある時突然、これらが重要な判断基準であるということが、私に明確になったのです。私は、何が私を強くし何が私を弱くするかを、それまでずっと観察してきました。それと同時に、人を弱くする事象は解決を妨害するということも観察してきました。さらに、ワークが短ければ短いほど、行動に移すためのエネルギーがより多く残っているということも。

簡潔が機知の魂――ワークが早ければ、広い輪郭だけ見えるからですか。本質に近づくほど、強さが増しますし、シンプルなフレームワークは当てはまりやすい。図柄が簡素化されれば人は混乱しません。

ここで私たちは基本的なエネルギーについて話しています。つまり、強さや弱さ、集中と拡散、行動と沈思など。私が注目するのはこれらの動きです。そして中心となる判断基準は、それが果たしてクライアントを強くするのか弱くするのかです。

つまり、エネルギーがテーマとなる。

ええ。クライアントがエネルギーで満たされたことが確認できたらすぐ、私はワークを止めます。そうしないとそのエネルギーがまた引いてしまうからです。

ワークの効果をどうやって検証するのですか。あなたはほとんどの場合、深刻なケースのクライアントと一回ワークをし、効果があると言いましたが。

どうして私が検証するべきなのでしょうか。ワークを受けたクライアントを後からフォローしチェックをするということは、まるで私のワークが、その人の人生において決定的な要素であると思い込んでいることになりませんか。

患者の病が回復することが必ずしも決定的要素ではありません。私は運命が示しているものを、受けているのかなど、私は知りません。一人ひとりにどんな運命が待ち、それがなんであれ、個々人が直面するよう手伝う、時には死とさえも直面するよう手伝います。そして癒しを起こす力が動き出すように助けるのです。しかし、それをコントロールするなんて…それをイメージすることでさえ私には滑稽です。

科学的な側面は気にならないのですか。現在、再び心理療法がどれだけ科学的かが問題となっています。

最も大きな効果は、セラピーそのものの中、つまりワークの最中に観察可能です。クライアントの目が輝きだすとか、目に見える形で安堵感を表すという効果で、私には十分です。どうやってあなたは深刻に病んでいる人に対するファミリー・コンステレーションの効果を科学的に証明するのですか。このような人たちは医療も受けているし、数えられないほどその他の事柄の影響下にいるのです。もし一年後に彼らが良い状態になったとしても、それをファミリー・コンステレーションのワークによると言うことはできないでしょう。

運命についての話に戻していいでしょうか。あなたの手法は心理療法における成長の概念——自分の運命は変えられる、皆が幸せを見つけられるなど——を否定します。

はい。その成長の概念は、生命に働く力の大きさを正しく評価していません。心理療法ではなくても、世界は間違って作られてしまったから、自分たちにはその秩序を直す使命があると考える人びとが、実際に存在するようですけれど。

あなたが心理療法は衰退の途をたどっているというのは、成長の捉え方が理由ですか。

私は心理療法をどちらかといえば魂のケアとして理解しています。私がクライアントの魂に何かをし、そしてクライアントは自分の強さとつながる。それはどこか宗教的で、スピリチュアルです。私の前からクライアントが去る時、彼らはより平和で、自分の運命がなんであろうが、それと調和して生きていける。もし私が彼らの運命を私の手中に収めようとするなら、私はおそらく心理――資本家でしょう、ある意味で。

心理療法では他の手法から利益を得られる状況があります。たとえば、恐怖症のクライアントは行動修正によって治療できるかもしれません。この場合、限定された問題を扱っているので、科学的にその成功を測定することができる。このケースでは、心理療法家はクライアントに何かをしているし、その結果を測定することはまさに正統です。しかし、生や死、深刻な病、罪など大きな問題の場合、それは当てはまりません。

あなたの重要な主張の一つは「現実が助ける」ですね。

はい。光の下に照らし出された現実は助けになります。私は物事を外側に開放すること以外、何もしていません。たとえば、ある人が重い病気だったり、死期が近づいていたり、罪からくる影響下に長いことといたりします。私は説得し議論をする必要はありません。なぜなら、水面下にある物事を外に開くだけで十分だからです。人が現実に気づき同意できれば、偉大さに到達します。

16 子は親に属する

"CHILDREN BELONG TO THEIR PARENTS"

□ 養子縁組と近親相姦

あなたのセミナーでの一幕が心に残っています。二人の養子がいて、その後、自分の子供を二人産んだ女性のケースでした。途中であなたは「それほど長く誤った道を進んだ後に、もう戻ることはできない」と言うコメントでワークを終了しました。

その時のどよめきは、人が現実に気づいたことから来ています。

あなたは養子縁組が秩序に逆らうことだと言います。しかし、私たちの社会では有益だとされていて、養子を迎える親はとても尊敬されています。

自分の子供が欲しいからといって、養子という方法で子供を得ようとすることは、秩序を侵す行為です。子供は自分の親に属します。若い母親に対して、中絶をするよりも養子に出すべきだ、そうすれば事態はすべて対処されると勧めることは、良くないことだと私は考えます。若い女性はその子供を育てていくための支援を得るべきで、もしその女性と父親が子供を育てられないのであれば、たとえば祖父母が手伝うとか、他の親類縁者に助けてもらうのが望ましい。そうすれば、その時の差し迫った危機は対処され、子供はその家庭に留まることができます。簡単に子供を養子に出す、または緊急性がないのに子供をもらうことは大きな罪悪感を作りだします。

養子縁組は、その子供を育てられる人が周囲に一人もいないという時に正当化されます。たとえば、両親がすでに死亡している、または捨て子だった場合など。そのような子供を引き取り育てることは正当で偉大なことです。気まぐれに養子をもらう、そして子供を親や祖父母から引き離すことは道理から外れています。それは第一に、親や家族を失う子供に対して不当です。第二に、困難と直面しているために自分の子供を失う親に対して不当です。そして、第三に、運命。より厳密に言うと、人が自分自身の運命を背負う力に対して不当です。

発展途上国の貧困家庭に生まれた子供によりよい人生を与えるために、異国の人間が養子として引き取ることがありますが、それが本当の意味において助けになっていないという可能性は高いでしょう。その子から、原家族と原家族が背負う運命は失われてしまいます。そのことで、原家族に属する子供の遺産と、その子個人の尊厳も失われてしまうのですから。

このような形で養子をもらった親の魂には罪悪感が生まれます。というのも、罪滅ぼしとして、自分自身の子供を失うといったことがよくあるからです。時に、それは自分自身の子供の一人が死んでしまう形となって現れます。今まで見てきた中には、養子を引き取った親が後に妊娠して、それを中絶することで自分自身の子供を犠牲にするというケースもありました。養子のいるカップルが、後に離婚することはよくあります。養子をもらったことに対する罪の償いとしてパートナーを失うことで自分を罰するのです。

それでも養子縁組の成功例は数百、数千とあります。その中には幸せな家庭もたくさんあり、幸せにくらしている子供もたくさんいます。

私の話は、気まぐれで安易な養子縁組についてです。つまり、子供が助けを必要としているから助けるのではなく、子供が欲しいからという理由だけのケース。私は養子縁組の制度の濫用に反対です。もし子供が、生みの親からのサポートはまったく不可能だったのだということが分かれば、子供はそれでも生みの親を認めつつ、育ての親が提供してくれるサポートを理解し受け取ることでしょう。それならば、子供は生みの親と育ての親の双方とも尊重できます。

その反対に、もしカップルが養子をもらって、それが望ましくない結果となったとしても――気まぐれで安易な態度で接したことや、生みの親を蔑んだりしたことがおそらく原因で――簡単にそこから退くことはできません。そのカップルは自分自身の罪の結末として、成り行きを背負わなければなりません。

要するに、養子縁組に極めて慎重になれと言っているのですね。

はい、まったくその通りです。私だったら養子縁組の代わりに里親として養育にあたることを選ぶでしょう。里親制度のほうが一時的な解決策である、という側面がありますから。

それがまさに他人の子供を養育している親が恐れることでしょう。その子供がいつか取り上げられてしまうかもしれない、いつまで自分たちの元にいるかが確かでないというのが。

彼らをいつまでも自分の元にいさせることはできますよ、本当に良いケアを提供したならば。

養子縁組に関して言えば、社会的条件のほうが生物学上の育児よりも重要であるという視点と、あなたの療法上の視点は対立します。近親相姦に関するあなたの療法上の視点もやはり、社会的道徳と対立するもので、怒りの旋風を巻き起こしましたね。

正直に言うと、このテーマには触れることを避けたいのですが。なぜならあなたは何を言ってもスズメ蜂の巣に入り込んだような勢いで、うるさく攻撃することしか関心がないようですから。もちろん、近親相姦は悪いことです。最初からそれは明らかでしょう。しかし少し違った角度から見てみたらどうでしょうか。たとえば、どのようなコンテクストで近親相姦は起こったのでしょうか。誰が関係していましたか。私は、近親相姦がよく起こる独特の関係パターンがあるということを、繰り返し体験してきました。

ある女性クライアントが、かつて自殺を企てた話をしました。この出来事の前に、彼女はレイプ、ではなくて性的強制——彼女自身による区別ですが——にあいました。この性的強制のせいで自分自身を殺そうとしたそうです。そこから彼女は十一歳の頃、父親と近親相姦的な関係にあったという話を続けました。私は彼女に、彼女の代理者とその性的に強制した男の代理者を配置するように言いました。彼女はこの二人を、お互いの左肩がわずかに触れ合う位置に向き合わせて立たせました。クライアントの代理者が震え始めました。私はクライアントの父の代理者をこの二人から離れた位置に立たせ、彼に二人を見るようにいいました。父の代理者に、娘が他の男性と一緒にいる姿を見てどう感じるか尋ねたところ、彼は良い気持ちがすると答えました。それから私は、クライアントの代理者の女性をこの父の隣に立たせました。彼女の呼吸は荒くなり、震え続けました。クライアントの母の代理者を、父の右隣に距離をおいて立たせました。すると父の代理者は自らの衝動に従い、娘であるクライアントに腕をまわし、娘はぎゅっと父にすがりつきました。父と娘の間を流れている愛は、信じられないほど強いものでした。

それから私は、クライアントの代理に、内側にある強さをすべてかき集めて、背筋を伸ばし真っ直ぐに母を見つめるように言いました。そして、母に向かって「私はこれをあなたのためにしています。そしてあなたのために背負い続けます」と言わせませした。彼女がこう言った時、確かに正しいコードを弾いたような感触がありました。それからこの娘に、今度は父に向かって「あなたを母のところに置いて行きます。あなたの場所はそこにあります。私は子供です」と言わせました。父の代理者は苦しそうに涙を流し、そして娘への深い愛を感じたと話しました。そこで私は父にこう言わせました。「ごめんよ。これからは私が背負います。愛と共にお前を手放します」。そうすると、クライアントの代理者が、自分がどれだけ父を愛していたか気がついたと答えたので、彼女に、父に向かって「私はあなたをとても深く愛していました。私は喜んでこうしたのです。でも、今、私は身を引きます」と言わせました。次にクライアントの代理者は、自分から性的に強制した男性に向かって、「私はあなたを利用していました。ごめんなさい。今、私はあなたを手放し、あなたからも身を引きます」と言いました。そして最後に、私は彼女を母親に向かわせ、「あなたからも身を引きます」と言わせました。布置の最後には、それぞれ一人ずつ立ち、娘は解放されました。

このケースの中で、私が非難したい人物は一人としていません。しかし罪の存在は明白です。

誰の罪ですか。母親の罪ですか。それと父親と。二人の罪です。そこで何が起こったのか説明はできませんし、したいとも思いません。私の関心は解決を見つけることですから。私のワークを非難し、間違っていると言う人もいるでしょうが、そういう人は誰を見ているのでしょうか。被害者でしょうか。その娘を助けることに真の関心があるのでしょうか。それとも復讐でしょうか。もしそうならば、誰に対しての？　この復讐から何が得られるというのでしょう。この娘はそれをどう感じることでしょうか。復讐をしたところで、そこに存在している父への深い絆は闇に隠されてしまうだけです。

このファミリー・コンステレーションで父と娘の代理者を立てた時、私には何か他の問題があることが明確に見て取れました。

夫婦を専門に扱うカウンセラー対象のセミナーの中で、一人の男性が立てた布置からは、彼が家族を去りたがっていることが明らかでした。この時点で私はワークを止めました。彼はとても考え込んでいました。

しばらくたって、彼は自分がなぜ家族から去りたがっていたのかが分かったと、電話で伝えてきました。彼には誕生時に死亡した双子の姉がいて、彼女の後を追う衝動に動かされていたのです。そこで彼は心の中で、彼女の場を自分の隣に与えました。彼はそれからもっと楽で幸せに家族と一緒に過ごせるようになったそうです。

数ヶ月後、重要なことが起こったと、その男性が再び電話をしてきました。彼は自分の娘に対して近親相姦的な誘惑を感じるというのです。すると突如、彼は、娘がその早死にした双子の姉の役を演じていることに気が付きました。その時から、娘への誘惑はすっかり消えました。

もし近親相姦という問題を、表面上に出ている情報だけ取り上げ、道徳的価値基準で判断するなら、あなたは深い次元でのつながりを誤解してしまいます。それだけでは済みません。そこからは解決を見つけられず、誰も救われないということです。道徳的基準がやれることの限界は、誰かを罰することだけです。そこには、善人と悪人がいて、輝かしい勝利者がいますが、魂は荒廃し傷が残ります。

あなたのワークを見てきた体験から言うと、近親相姦のケースでは母親がいつも大きな役目を担っている。あなたがかつて、母親は影の操縦者——非公式な共謀者——であると述べ、その発言が大きな怒りの波紋を巻き起こしました。あなたは罪のことを話していますが、母親には罪があるのでしょうか。

私は女性に罪があるとか男性に罪があるとか、罪を割り振ることに興味はありません。私は隠れた力動の覆いをはずし、関係したすべての人びとの魂のもつれが解決されることに関心があるのです。

近親相姦のケースの背景に最もよく見られる力動は、バランスと補償へ駆り立てる衝動です。そのような家族システムではたびたび、女性がパートナーから引き離されています——彼女が悪い妻だからではなく、彼女が自分の家族から押し出されているように感じるからです。多分、彼女は死んだ自分の兄弟についていこうとしている——たとえばの話ですが。同時に彼女は自分が家族から離れそうなことに罪を感じ、自分がより楽に離れられるために代理を必要とします。そうすると娘がその妻の場所を受け継ぐのです。これは隠された動きですから、決して母が娘にそうするよう後ろから背中を押すのではありません。母も娘も分かっているわけではありません。無意識です。だからこそ、とても分かりにくいのです。

罪の順序でいうならば、夫がまず最初に罪を背負います。なぜなら彼は背後で動いている力動を知らなかったとしても、自分がどんな行動をしているかは分かっているからです。妻が担う役は無意識なので、たいてい彼女は何をしているのか分かっていません。

母は魂のもつれの中にあり、夫は罪を背負う。

彼らは皆、魂のもつれの中にいます。それでも基本的なルールは適応されます。つまり、もつれにしばられていようが、役割が何であれ、関係者は皆、自分の行為の結果を背負わなければならないということです。魂の次元でのもつれのせいだからといって、私は父親を罪の苦しみから解放させようとはしません。

そしてあなたは妻が夫を仕組んだから、妻が罪を背負うとも言わないのですね。

言いません。夫は罪の苦しみを、妻に渡すことはできません。これは明らかです。でも、もし彼女も魂のもつれの中にいたことが明らかになったら、彼女は彼女の罪を背負わなければなりません。彼女は娘に「ごめんなさい。あなたを父に差し出しました。だけど私は自分がそうしていることを知りませんでした。あなたはもう自由です。そして私はこれからあなたが妻代わりになったことで受けた苦しみから、あなたを守ります」と言わなければなりません。彼女は夫を攻撃するようなことは言えません。彼女が本来の罪を共有していれば、人を攻撃することは不可能でしょう。

性別間の戦いという社会的なレベルとは違う次元で近親相姦について議論ができること、そして異なる次元の主張を混同しないことがとても重要ですね。

まさに。私は人が魂のもつれをほどく道を見つける助けをしたい、それだけです。自分の領域内に留まっています。

あなたの見解に対する批判は二つの次元から聞こえてきます。女性はよく「あらまあ、今度は近親相姦ですら、女性の責任とされる。いつだって女性が非難され、男性は守られる」、これは誤解だと私は思います。なぜなら心理療法という領域に属する問題を、社会政治的な次元に置くことになるからです。

二つ目の批判はあなたが近親相姦の背後にあると見ている秩序が、家父長的システムであり、女性の犠牲によって成り立つシステムだというものです。

それだって誤解ですが、今、その件について話を進めるつもりはありません。その代わり、近親相姦のケースに関してもう一つの考察を加えたいと思います。

被害者と加害者の間には性交を通して絆が形成されます。この絆は、子供が後に自分のパートナーに対して自分を完全に開くことを妨害します。この最初の絆はとても深いものです。だから父親に対して「私は今、あなたから身を引きます」という一節と、父からの「おまえを手放します。罪は私が背負います」の一節が重要となるのです。これらの言葉は絆を融かします。

そして、娘はさらに「私はあなたのために、喜んでこうしたのです」と言いますね。なぜでしょう？

いつも、そうだと言うわけではありません。ただ、この言葉が有効であるのは、このように言うことで、娘が自分の中にあった父への深い愛とつながることができるからです。先程のケースでは、父に対する深い愛が、すでに表面化していました。愛がそこで尊重されると、娘は自分の尊厳を保ったまま父から身を引くことができ、また後に女性としてパートナーにその愛を向けることができるのです。断罪は絆という視点から言うと、まったく無意味です。なぜならそれは、父との間にできてしまった絆を融かす代わりに、固めてしまうからです。

あなたは心理療法上、父を裁くことは適切でないと言いましたが、これはセラピストにとってどのような意味を含むのでしょうか。

心理療法では、男に対してだけではなく、誰に対する裁きも不適切です。加害者を告発することができる社会的な場で働くセラピストは、個人的な領域での助けは出来ません。例を挙げましょう。あるカップルには二人の里子がいました。そのうちの一人は実の父親から虐待を受け、その父は刑務所送りになっていました。里親はこの家族のケースを扱うファミリー・セラピストでした。私は彼女に、父親の刑務所送りに関わったかどうか尋ねました。最初彼女は否定していましたが、後になって彼女は自分が関わっていないとは言えないと認めました。

この家族の布置で、私は生物学上の父と母の代理者を皆から背をむけて立たせ、その娘の代理者（里子）を父の後ろを追うような位置に立たせました。そこがこの娘の代理者が唯一心地良さを感じられる場所だったからです。そこから読み取れるメッセージは明らかでした。父が裁かれたので、娘は父についていこうとしているのです。それから私はこの父の向きを変え、娘の隣に配置しました。娘が持っている父への深い愛は、その場にいたものすべてにとって明らかでした。

里親であるセラピストは、その子を助けることも、その子のためにそばにいることもできません。彼女は、彼女が介入する権限がないところまで介入してしまったのです。

あなたは彼女に何を言いましたか。

その子供を返すように言いました。

両親に？

いや、どこか他のところに。彼女がその子供を預かることはできません。少女は他の環境が必要です。私はそのワークで、里親であるセラピストに、彼女が裁いた父親と向き合わせ「私の心の中にあなたの居場所を与えます」と言うように促しましたが、彼女はそれができませんでした。その時点で私はワークを止めました。彼女はとても洞察に満ちた女性でしたし、彼女の中でそれがどう受け止められているのかも見ることができました。彼女は上手に解決していくだろうという印象も受けました。しかし、本当の父が父であるということを承認できないことは、公的な仕事とセラピーを混同することがいかに危険であるかを証明しています。セラピストはこのような介入はできないのです。これは権限と義務がある公的機関の職員がするべきことなのです。

17

セクシャリティは愛より大きい

"SEXUALITY IS GREATER THAN LOVE"

□ 愛、暴力、絆

過去三十年ほどで、多くの性的なタブーがなくなりました。現在私たちは、欲望に埋もれたような世の中に住んでいます。セクシャリティはどんな役目を持っていますか。

私たちは今、飼いならされた性を生きています。私たちが飼いならしたのです。荒れ狂う川を、運河を流れる静寂な水に変えたのです。完全に私たちのコントロール下に置いたことで、私たちはセクシャリティが持つ力と可能性もはぎ取ってしまったのです。

性の成就がすべての生命の基礎であり、最も力あふれる行為です。この行為には死の影がある——死が存在するからこそ、セクシャリティが必要なのです。

□　死

セクシャリティは私たち人間存在の無常な本質を暴きます。子供ができたカップルは自分たちが先に逝くこと、そして子供をもうけることは、彼らのためにこの地球上に場所を空けなければならないことであると知っています。

また、セクシャリティは危険です。妊娠や出産が自分の生命《いのち》と引きかえになるかもしれないほど危険であることを、親なら皆知っています。このことは古代においてはなおさら、現在でもある程度は真実です。今言ったことは、セクシャリティが死と身近に位置していることを示すもう一つの側面です。

セクシャリティと死は密接につながっています。本来、性の成就は死を意識した上で初めて本当に可能となります。それは関係の終焉と生命の終焉の前兆です。この関係すらも、死と共に終わるのだという知識を通すことにおいてまさに、激しさが獲得されます。

性の成就の究極的意味を知りながら委ねること、これを通してカップルは彼らが去った後に、彼らの関係と彼ら自身の存在の証となるものを生み出します。これがセクシャリティに偉大さと力を与えるのです。

あなたの今の話には二つの先行条件があります。一つ目にセクシャリティは愛を伴うということ。これは現在、前提として成り立ちません。そして二つ目にセクシャリティが受胎を前提としたもの

であるということ。

それらは未だにセクシャリティの基本です。セクシャリティは愛がなくても同じ結果をもたらします。受胎も愛がなくても起こりますし、それは愛を伴うものと同じように偉大です。結果はどれだけの愛があるかに関わらず同じです。セクシャリティは愛に先行します。そして愛よりも偉大です。おそらく多くの人はその反対であることを好むでしょうが、この深い次元で形成される絆は愛を超越しています。運命のように。

□ 暴力

たとえば、レイプが起こったとします。セクシャリティはそれでもやはりとても偉大です。この行為を通じて悪となるのはセクシャリティではない――セクシャリティは影響を受けません。この行為を通じて悪となるのは、この行為によって作られる状況です。セクシャリティ自体はとても深い結果を持ち、その結果は撤回できません。時に女性はレイプによって妊娠します。もし彼女が子供を堕胎しても、それがなかったことにはできません。中絶は、レイプまたは作られてしまった絆をなくすことはできないし、母であることや父であることを消すこともありません。どの道徳的価値観を引用しても、創られたものは残ります。

ここでの究極的問題は、どうしたら、この出来事の影響下にある人たちに、秩序を取り戻すことができるのかということです。

レイプの結果として誕生した子供はレイプの加害者に向かって、「あなたが私の父です。あなたを私の父として受け取ります」と言わなければなりません。その子供が、「あなたは私の父ではない」とか「父として認めない」と言うことはできません。これは意味がないことです。ですから、「あなたは私の父で、私にとって唯一正しい父です。あなた以外の父はありえません」でなければならないのです。子供はまた同様のことを母に向かっても言わなければなりません。

もし母親がレイプの結果である子供のために、秩序を取り戻したいなら、彼女は加害者に向かって、「あなたがこの子供の父親です。私はあなたをこの子供の父として認め尊重します」と言わなければなりません。

暴力的な行為を、どうして尊重するべきなのですか。

その行為を尊重するのではありません。子供の父親として尊重するのです。結果はすでにそこにあり、目に見えています。その女性はこの子供の中に、いつも父親の存在を見ることでしょう。もし彼女が子供の中に父を見たくないとしたら、彼女はその子供を拒絶することになります。これでは彼女は結果を見ているのではなく、状況を見ているのです。

酷い行為から生まれた良い結果というように、その出来事を全体のコンテクストの中で見ることができて初めて、彼女は「私は結果として生じた良いことを見ているから、起こってしまった酷いことと和解します」と言うことに同意できるでしょう。もし彼女がこのステップを踏むことができれば、愛をもって子供を見ることができ、その子供も父を父として受け取れることでしょう。

母がその子供の中の父親を拒否すると、その子供にとって父を受け取り尊重することが難しくなります。子供にとって物事が良い方向に進むために、母は父を尊重し直視する必要があります。

彼女が子供を愛することを通して、状況と和解すれば十分ではないですか。

いいえ、十分ではありません。子供を愛するためには、彼女は子供を見なければなりません。彼女が子供を見る時、彼女は子供の中に父の姿を見ます。これは避けられません。もし彼女が父を忌み嫌うなら、その子供のことも忌み嫌うでしょう。これがもう一つの側面です。子供は自分の中にいる父が愛されていないことに耐えられません。それは、その子供が持つ父への忠誠心に対する裏切り行為だからです。父への忠誠から、その子は将来、父のようになります。

そして、女性は加害者を愛することをせずに、子供の中にいる父を愛することはできない？

ここでの愛とは、状況がどうであれ、とても偉大なことが起こったという事実を認め尊重することです。罪はなくなりません——絶対に。しかし大きな枠組みの中でこの事実を見るならば、こう言うことができるでしょう。「女性には何か偉大なことが起こった、彼女の人生は変わり、彼女は新しい生命を持っている」と。この事実をありのままに同意すること、それが運命を深い次元で尊重することでもあります。

あなたの愛についての説明は、私たちが通常持つ愛の概念と違います。

今私たちが話をしているのは、愛の力——死の力と同等である愛の力です。レイプで女性は死に近い状況を体験しました。彼女は彼女がコントロールすることのできない暴力に、ただなされるがままでした。それでも彼女はその体験を通して、より大きなものに服従しました。

もしこの苦しみを背負う女性が結果と絆を承認することができたら、彼女は特別な強さと尊厳を獲得することでしょう。そのような女性を想像できますか。子供に向かって「あなたを通して、あなたの父を尊重します。起こったことに関係なく、私はあなたがあなたであることが幸せです。起こったことをありのまま、私は受け入れます」と言える女性の魂は、なんて偉大なことでしょう。それを聞いた子供は、どう感じると思いますか。


たいていの場合、レイプで子供はできません。ほとんどの場合、女性は加害者を知りもしません。この事実は状況を変えますか。

□ 絆

そのようなレイプであっても絆が生まれます。ワークショップで、ある女性が近親相姦のあった家族の布置を立てました。彼女はファミリー・セラピストでした。ワークの途中で彼女は泣き始めました。

次の日、彼女は、昨日のワーク中、自分が少女時代にレイプをされたことを思い出したと私に言いました。そして夜、彼女は突如、どれだけ深くそのレイプした男性を愛していたかに気づき、その愛を通して彼女は彼から自由になることができました。

道徳的な考え方を横に置き、このようなことを認めるのは難しいことです。

あなたは絆を道徳とは関係ないこととして捉えています。絆が愛や結婚と関係ないというなら、一体、絆とは何ですか。

人生のひとつのプロセスです。それは善いとか悪いとかいうものではありません。自然な出来事、と言うこともできるでしょう。

水や波が持つ自然な力のような？

ええ、その通り。波に、どこへ向かえと指図することはできませんが、波がどこに向かっているのかを観察することはできるでしょう。

レイプの加害者に向かって（何か言う機会があったら）何を言いますか。

これまでに私に助けを求めにやってきた加害者はいません。レイプの加害者が真剣に私の助けを欲しているのであれば、私が言うことは明らかです。

最初に、私は彼がレイプをした女性と直面させ、こう言うように促します。「私はあなたに不正を行いました。ごめんなさい。私はあなたに敬意を払います。そして、私の心の中にあなたの居場所を与えます」と。

次に、彼は自分の罪は決して消し去ることができないと認めなければならないでしょう。彼は自分の罪を認めて初めて、女性とその子供を尊重することができるのです。罪を認知するとはネガティブな結末を背負うことも含めます――捕らえられ、刑務所に入れられることも含まれます。

たいてい、レイピストは、女性を恐れる者です。彼の恐怖心は暴力の影に隠されています。タフガイ気取りの男も同様の恐怖におびえています。深い次元では、この恐怖は死の近さとつながりがあります。その人がいずれ死ぬだろうというような意味ではなく、その人の中の何か深いものが触れられ動いている感触としての死の近さです。

ワーグナーはジークフリート(注1)の中でこれを見事に描いています。まだ恐れというものを知らないジークフリートは、ブルンヒルトを起こした瞬間、突如味わったことのない恐れの感覚に支配されます。要するに彼は死の恐れ――死に対する恐れではなく、死の大きさに対する恐れ――を体験します。彼はそこで彼の誕生時に死んだ母の助けを求めます。そうしながら、彼は一つのことに気づき、それを承認します。女性と関連する事柄はみんな、自分の生命《いのち》が母の死を招いたように死とつながっていることを。危険や偉大さとの親密性、そしてそれに伴うリスク、女や母ということの意味、これらすべては深い次元において一つのつながった体験です。

でも単純に、レイプはトラウマ的出来事です。

それが何であれ、私が今描写したように、トラウマ的出来事によってできた傷はいつか癒されていく、少なくとも被害者にとって緩和されていく。その他のアプローチ――非難または自己を下げて評価すること――はすべて、まさに反対の効果しかもたらさず、いつまでも女性をその出来事に縛りつけることになります。

□ 衝動

セクシャリティは本質として暴力的な質を持ち合わせているものです。セクシャリティには生命に属する衝動が働いていて、その衝動は時に荒々しい激しさを伴い、生命を前進させます。

しかし、人類が達成してきた一つのことが、その暴力的潜在性を支配することだったはずです。

それはとても偉大な功績です。しかし私たちがセクシャリティを飼いならし、管理しなければならなかったという事実が、いかにこの力が大きいものであるかを物語っていますね。

一つの次元ではそうかもしれません。その一方で、女性をレイプすることで自分の力を誇示するしかない男というのは病気でしょう。

もちろんそうです。なにより、それは私たちの規範と功績に反します。それは私たちが望まず阻止したいこと――もちろん女性を守るためにも。その通りです。しかし、セクシャリティの本質でもある暴力性をただ病として括ってしまうことは不当です。

いつだってレイプは女性にとって壊滅的体験です。

壊滅的かもしれません。ただ、愛を伴うセクシャリティも壊滅的となりえます。たとえば母親は出産時に死ぬこともある。この側面において双方は違いません。セクシャリティは常に私たちの最も根源的な部分の何かを捕らえ、常に私たちを危険にさらします。

パワーと激しさを含めた偉大さにおいてセクシャリティを見るのなら、私たちはセクシャリティに対して、より尊重した姿勢で近づくことができるでしょう。法や制度で押さえ込もうとするなら、私たちはその力によって生かされている部分を不当に判断し、抑圧してしまいます。

しかし、確実にレイプはその偉大というカテゴリーに属しません。

「神が禁じる！」……ということですね。しかしそのこと自体、私たちがセクシャリティをもっと広いコンテクストの中で見なければならないことの証です。ある深い意味で、私たちはセクシャリティそのものに圧倒され、レイプされているのです。レイプのような極端な形もあり得るという事実は、セクシャリティの本質の中にあり、加害者である個人の本質の中にあるのではありません。

では喜びはどこにありますか。

あなたが、ある偉大な流れに運ばれているという事実、そしてあなた自身をその流れに委ねているという事実の中に。

先ほどあなたは、私たちがセクシャリティを飼いならし、管理下においてきた、と言いました。それはどういう意味ですか。

避妊手段の発達のおかげで、セクシャリティは、それがもともと持つ結末を背負うことなく、より身近なものになりました。妊娠の可能性がリスクとして考慮されなければならなかった時代には、セクシャリティは違った深さと力を持っていました。セクシャリティが子供を持つことに限定されていたからと言っているのではありません。しかし、子供が結果としてできるかもしれないという可能性が控えている行為と、カップルの愛や快楽のみを目的とする行為との間にある違いは、あなたにも一目瞭然でしょう。

□ 宗教的功罪

セクシャリティは、もう一つの方法でも、飼いならされてきました。それは宗教上の罪であるとされたことによってです。近親相姦の話に戻ります。多くの教えは、あたかも近親相姦の体験が子供の魂を殺すというように記してきました。しかし生命にとってセクシャリティが持つ意味が何であるかをよくよく考えてみると、これはおかしな考えです。子供が近親相姦のケースのように、あまりに早い時期にセクシャリティと触れてしまったとしても、これは生命の源泉の力との遭遇であることに変わりません。たとえ、それが恐ろしい状況下で起こったとしても。

その生命の源泉の力が、もろい子供の魂を殺すこともある。

ええ、あり得ます。他の状況下でセクシャリティが死をもたらすのと同様に。しかしこの体験から生き延びる子供は、他の子供が持たない強さと深さを持ちます。

つまり、傷は私たちを強くする。

そうではなくて。それは安直な見方です。もう一つの例を挙げましょう。売春婦の多くは、幼児期に性的虐待を受けている。無意識に彼女たちは彼女の父に向かって、「もし誰かがこの罪を背負って生きていかなければならないとしたら、私が背負います」と、言っているのです。セラピストとしてこの力動を明るみに出せれば、その娘、または女性が自分の中にある愛の度合いと、その愛ゆえに自分が何をしてきたかを知ることができます。そうなった時、一風変わった輝きが彼女らの顔を覆い、周囲の者は彼女のその輝きの中に力を感じることでしょう。潔白な子供からは、そのような力を感じることはありません。私は近親相姦を善であるとほのめかしているわけではありません。それはもちろん、とんでもないことです。しかし、性的暴力が子供の魂を殺すと断言することだけでは、その子供にとって何の正義にもなりません。それは加害者に対して作られた凶器のようなものです。私が考慮するのは、虐待を受けた子供の魂を見る助けをすること、その子供が尊厳を見つけるよう手助けをすることです。

あなたは実際に虐待された女性からこのようなことを体験してきているのですか。

数多くの被虐待者である女性から見てきたことです。近親相姦のトラウマを克服した時、彼女たちには特別な威厳と強さがあります。非難することは、トラウマを克服することを困難にします。なぜなら非難は注意を回復のほうではなく、傷のほうにばかり向かせがちだからです。

あなたは避妊法がセクシャリティを変え、何か深いところのものを奪ってしまったと言いました。

しかし、セクシャリティと受胎の分離は女性にとって大きな功績です。もちろん、セクシャリティと死の関連は原理的に女性の体験であり男性の体験ではありません。

一方では、もちろんそれは功績です。もう一方では喪失です。

それは本当ですか。女性の欲求の発見、そして妊娠のおそれなしに性的快感を得られることは、女性にとっての進歩ですよね。

女性の欲望はここ三十年で発見されたのではありません。ある特定の文化圏において抑えられてきた後、ここ三十年で再発見されたと言うべきでしょう。ところで、義務の生じない性生活が、本当に何も残さないと思われているのでしょうか。ファミリー・コンステレーションからは、事実はその反対であることが明らかです。要点から少しずれましたが。要は、現在セクシャリティは、かつて持っていただけの地位を持っていないということです。自由であるかわりに、十分に偉大さが受け取られず、十分な注意が払われていない。私たちは現在、性をあまり真剣に取り上げません。愛の表現として性生活が持っていた一体化の表明や誓いや永久性などの機能は、失われました。セクシャリティは、関係性から分離されたことで、充実のための意味を失ってしまいました。

今の話を私は信じません。たくさんのカップルが欲望の欠如に苦しんでいて、充実感を切望しているし、私はセクシャリティが充実の意味を失ってしまったという考えには異論を唱えます。それよりは、現代のライフスタイルの中で私たちはそれを知る機会を失ってしまったというべきではないかと思います。現代の私たちの日常は官能性以外のすべてに占領されてしまっている。それに加え

て、私たちの文化では、官能的な愛の修養など愛についての教えがまったくない。

性的な行為が関係を表現している時、充実感が与えられます。もっとも洗練されたセクシャリティの形は、男と女がお互いの目をじっと見つめる時でしょう。このような時に「さて、欲求を高めるために何をするべきだろうか」などと尋ねることは不必要でしょうし、それこそお笑い草でしょう。

ええ。そのアプローチは一九六〇年代に流行しました。「では、女がどう機能し、男がどう機能するかお見せしましょう」。それはほとんど魂には関係ありません。愛することには別の意味があります。愛するとは、自分を開いていくことと関係します。

セクシャリティが充実することは魂のプロセスでもあります。魂において秩序があれば、セクシャリティはおのずから流れ出します。反対に、セクシャリティが乾いたら、魂も乾いてしまいます。

乾いてしまった魂が乾き続ける必要はないでしょう？　どこかに魂と欲求へ戻る方法がある……。

セクシャリティと愛がつながれば、その通りです。しかし、禁欲もまた、セクシャリティの一部でもあり、これは尊重や内的なセンタリングに属することです。すべての人間関係の営みは、死のプロセスでもある。私たちの中の何かが休もうとするに従って——たとえば幻想とか——私たちは人との関係において、より静かに、そしてより穏やかになります。これは時にセクシャリティが軽減することを意味しますが、この時には、深い次元に新しく特別な質が現れることでしょう。

（注1）一五二ページ（注2）を参照

18

憤りから善は生まれない

"OUTRAGE DOESN'T LEAD TO GOOD"

□ 政治と関わり

あなたは一九六九年にドイツに戻りました。つまりあなたは当時の学生運動を体験しました。あなたはその運動を支持していましたか。歴史的に見て学生運動は、ドイツの転換期であったと私は思います。

あなたの年代にとって、それは真実でしょう。私の世代は違う体験を通ってきていますし、学生運動は一過性のものでした。

あなたの世代か、それより少し若い世代の人の中には、学生運動を経て、ナチスについてようやくおおっぴらに討論できるようになったので、ずいぶんと楽に呼吸できるようになったという人もいました。

私にとってはそうではありませんでした。まず、私はナチスとは反対側の運動に関わっていましたし、十七歳の時には、「人びとを害する者」(注1)の烙印を押されていましたから。六〇年代後半の学生運動の時に盛んだった論争については、誤った軌道上の議論だったと私は感じています。なぜなら、学生運動もナチスと同じ土俵で議論しています。つまり、あるグループが自分たちをより上であると信じ、変革が必要だと主張する。世の中を改善する使命を持っていると感じている人びとは皆、似たような攻撃的なエネルギーを持っています。そこにある違いは、ただ状況的なものだけです。熱意を帯びた破壊、攻撃、そして道路上での争い、それらは私が見たナチスの振る舞いと何も変わりません。

しかし、きっかけは違います。

一九三三年(注2)の動きの始まりは、一九六八年の学生運動の状況ととても似ていましたよ。そこには解放の匂いがあり、新しい始まりの可能性に満ちていた。「来たぞ！　道を開けろ、古びた時代遅れの者たちよ！」

六八年の運動家たちはデイグロー学生(注3)でした。運動はフラワー・パワーから子供たちのグループ、フリースクール、初期の女性運動、音楽、ドラッグ、フリーセックスと広範囲にわたりました。

ナチスにもユース活動がありました。スローガンはこんな感じでした。自然に帰ろう、農場の大地へ、鎖を解き放て、ラインラント占領地の解放を、ベルサイユ条約(注4)からの自由を。当時のフィーリングは自由の喜びを反映していました。

その表現は、私にはとても不愉快です。私は、一九六八年の運動が私たちの社会をより民主的でよ

り寛容にするきっかけとなったと理解しています。

私は宗教を比較する時と同様に、それぞれの運動を比較しているのです。内容は別にして感情表現はとてもよく似ている。

でも、感情の側面と政治的側面は違う。そしてこの違いは私にとって、とても重要です。ちょうどあなたが療法の領域と公的な領域について述べたように、私はこの運動にも違うレベルがあり、その違うレベルにおいて検証し評価するべきだと思います。

一つはあなたが言うように、その場を包んでいた空気です。しかし、もう一つの側面は時代という枠組みにおける政治的本質または政治的効果です。

□　憤り

私はこのトピックについて、とても慎重でありたいと思っています。私は、自分たちが上であると優越感を持っている者――正しいと信じて行われる運動も含みます――にとても懐疑的です。東ドイツにおける過去を清算するための試みを見てごらんなさい。以前に被害者であった者たちが、加害者たちを追及する。以前に迫害者たちによって彼らに向けられた激しさと同じ激しさで。私は、そのような出来事の後、「過去に何が起こったとしても、われわれは今、新しい始まりを認めよう」とお互いに言えることが、人類の向上には必要だと信じています。

被害者はどうなるのでしょうか。ターゲットとなった被害者、マイナーだけれども迫害された者、またはSS(注5)によって疑われ、追跡され、迫害され、殺された非信従者は？

憤りにまかせて告発者として突き進む者も、人の人生に入り込み他者の不幸を願っている。彼らの怒りは良い結果につながることはありません。その行為は他者を破壊することを目的としているからです。

でもそれは、自分たちが個人的に苦しんできた体験が原動力となっている行為です。そのことは、あなたにとって、なんの違いもないというのでしょうか。

もしあなたが体験した苦しみが、あなたに他者を苦しめる権限を与えると考えているなら、あなたは苦悩の体験によって魂が得た良い影響すべてを否定してしまいます。

私にとって、過去と向きあい解決する方法は、加害者を攻撃することなく、被害者の横に立ち涙することとです。泣くことは謙虚です。それによって誰も攻撃されません。これは「あなたがしてきた酷い仕打ちを見てごらん！」と言うこととはまったく違う態度です。そのような非難は不当で傲慢です。何よりも状況を良くする助けにはなりません。

では、どうやったら社会レベルで「泣くこと」に取り組めるでしょうか。

ウィリー・ブラント(注6)がポーランドを訪問した時にひざまずきましたが、おそらくこのような行為の沿線上に答えはあるでしょう。ひざまずくというジェスチャーは要求を伴いません。ただ犠牲者の前に頭を下げるというだけです。癒す力をもったエネルギーは今でもそこから発せられています。叱責や脅しはまさに反対の効果しかありません。その行為は魂を怒らせます。

では話し合いによって過去を清算する道はないという意味ですか。

非難や激怒を伴う話し合いでは駄目ですね。私の観察では、過去についての討論を要求する人びとの多くは、自分たちのほうが上であると考えています。そして私はそういう感情に不信感を持っています。完全に恐怖や憎悪から救い出す本当の意味での解決を探す時、私は第一に被害者について考えます。そして、被害者と共に哀しむという意味において連帯を感じます。この行為からは善に向かう強さが生まれます。ただこの行為は、断じて謙虚で、要求を持たないものでなければなりません。

結局、適切な集団的かつ社会的なレベルで過去を扱う方法は、どこにも見当たらないと言うことですか。

もちろん、どこかにあるでしょう。もし、人びとがより謙虚であって、嘆き哀しむことにのみ集まることができれば。私は「嘆きの日」(注7)に話された言葉に深い感銘を受けました。そこにあった言葉は唯一「われわれは哀しみ、哀しみ、そして哀しみます」だけでした。これは適切な言葉で、私もそこに参加できます。私はまた戦争で亡くなった人びとの墓を参拝することにも賛成です。そこでは無残なことが起こったのですから、死者は誰であっても名誉と共に思い出されるべきです。

加害者についてはどうなるのですか。加害者に対するただ湧き起こる怒り、とても人間的な報復を

願うニーズ――これらはどこからやってくるのでしょう。

これまでに、私が気づいたことを一つ言いましょう。怒りが、犠牲者からやってくることはほとんどないということです。怒りは犠牲者の代わりに怒る権利を持つと思い込んでいる他者からきます。そのような人びとは自分自身が苦しむこともせずに、不誠実にも加害者に対して怒る権利があると信じ込むのです。自分たちが主流の大多数にサポートされていると感じるので、加害者を苦しめたいという願望について批判を浴びるリスクすら背負いません。ここにも、かつての加害者のスタンスと注目すべき相似があります。加害者が批判されている姿勢、まさにそのものです。告発者たちは自分自身が優位にいると考え、そのことから生じる感覚から、彼らは他者を破壊し攻撃する権限があると主張します。

□　謙虚さ

報復への欲求はどこからくるのですか。報復も理不尽な仕打ちから生じる怒りに対処する方法だと思います。

どこから来たのでしょうか。私も聞いてみたいです。この衝動はすべての常識に反するものですから。**でも、それはとっても強く激しい感情です。子供が酒酔い運転の車にはねられてしまう、EGS(注8)によって、または強制収容所の監視官によって、捕虜がウサギのように撃ち殺される。これらは苦**

痛とそして正当な怒りを引き起こします。誰かが罰せられるべきだ、殴り返してやりたい――「なんて奴だ、ぶっ殺してやる！」このように相手を裁く感情というのが瞬時に湧きあがるものでしょう。これらの感情はごく普通の人間の感情です。

何かしなければいけないと考える次元――報復や阻止への呼びかけ、誰かをまたは何かを止めなければならないなど――では、あなたは、加害者が自ら決断して行動している、つまり、酒酔いドライバーが自らの決断により子供を殺し、アイヒマン（注9）はユダヤ民族浄化を指揮したと信じています。でも、私は違う次元――すべての者が彼らのやり方で行動し、苦しみ、死ぬことを許容する運命の次元――でとらえています。一人ひとりがこの運命の手中に運びこまれ、一人ひとりがそれに仕えているのだ、というように。もちろん、それでも各自は自分が起こした行動の責任は背負わなければなりません。

悪を打倒し、改革し、世界を向上させる。このような行動はすべて「私はやれる。それは私の手の中にある」という幻想に基づいて進められます。深淵における影響への理解は忘れられ、たいてい悲惨な結果に終わります。

もし私が自ら身を引いて深いところにある力と真につながっていられれば、平和で慎ましく、そして和解的な方法で人に作用する質を放つことができるでしょう。

私はこれまで、心から願えば自分の望みに到達できると信じるように教えられてきました。もし私たち皆が一丸となって注意を注げば、環境も美しくなる。もし私たち皆が社会の不正に立ち向かったら、私たちの生活はより良くなり、社会は公正になる。それは究極的に私たちの手の中にある。

もしこのようなことに参加しないなら、あなたは正しく生きていないことになる。このような進歩主義的な考えは、あなたにはまったく異質のものですか。

それらはあなたが信じている事柄ですが、重要なことは何が日々の生活に実際に影響を与えているかです。良いことが生じる状況を、もっと注意深く観察することが必要です。私は、決して私が善であってほしいと願うがために、それに善というラベルを貼ったりはしない。長い時間をかけて作用を観察すれば、何が価値のあることだったのか、もともとあった感情のうち何が残ったのか明らかに見えることでしょう。これは慎重な経験的手法です。この手法は、傲慢な願望や幻想を明らかにし抑える効果を持ちます。

しかし、人は自分が体験したいことだけ体験する生き物だということを知っていますよね。私たちが持つ世界の光景は、いつだって私たち自身の思考によって彩られている。

その通り。だからこそ、私は自分が他の人たちよりも正しいとか優れていると考える人びとに、これだけ慎重になるのです。熱狂的な社会運動は現実において試したことのないユートピア的なゴールに向かっています。それは視野を狭め、結果は寒々しく寂しいものです。人が何か並外れたことをするために自分が選ばれたと感じ、それを強要しようとすると、たいてい何か良くないことが他の場所で起こります。自分のしている行為が大きな世界の枠組みにおいて、どんな影響を持つのかを知ることは、もちろん難しいことです。冷静さを保ち、自分自身に集中していない限り難しいことでしょう。

どういう意味ですか。

アフリカの飢餓問題への取り組みを見てご覧なさい。助けようという意図は素晴らしいですが、実際はほとんどの場合、残念な結果を招いてきました。

情熱的な運動はすべて、数ある問題の中である特定のことに焦点を合わせる。ですから、その他のことが排除されるのはやむを得ないことです。偏りは、ある意味、このような運動の宿命でもあります。少なくともある一定期間は。恋に落ちる時に起こることと似ているでしょう。関わること、ある運動に飛び込めること、これだって人間のもつ特別な能力ですよね。

それらはほとんど若者の運動であって、世代から世代へ代々ほぼ同じような運動が繰り広げられます。私はもう七十歳を超えていますから、その運動の中にいる人とは違ったレンズを通して物事を見ます。私が情熱的にそれらの運動に関わることは期待できないですよ。私は今何が起こっているかを見つめ、かつてと似かよっていることに気づき、そして今の動きも似たように、いずれ記憶の中にのみ残され、古いものとなると予感しています。

□　奉仕すること

社会的運動に関わっている人たちは、ある特定の概念を強化することが可能であり、世の中の動向をコントロールできると考えています。私はこのような運動はむしろ、すべての者が、善そして悪のために奉仕することに取り込まれた歴史的動向だと見ています。人間は自分自身の行動において自由であるという概念は、私にはまったくの幻想に見えます。歴史の全般的な動向に逆らえるものは誰一人いません。

私たちの人生はコントロールされているのですか。

その表現よりは、私たちはあらかじめ大きな歴史の流れに引き込まれ、それに仕えるようになっているのだという表現を、私はむしろ使っています。この二つは微妙に違います。ネガティブな動向は少なくとも私たちのポジティブな発展と同じだけ大切です。ネガティブな動きが良い作用を生んだと同じように、ポジティブな動きはこれまでに悪い作用ももたらしてきました。これらは、個人が計画し、推進できる範囲を超えています。

私の基礎となる姿勢は、ありのままの世界に同意することです。私は、ある運動が良くてもう一方の運動が悪い、という主張はしません。双方とも、ある一つの圧倒的な力を持つ最優先のプロセスの中に束ねられていると捉えています。時々私は良い動きの一部であり、時々私は悪い動きの一部です。ほとんど私は知りもしません。もし知っていたとしても、違いはありません。

あなたはナチスによって行われた酷い事柄すべてに同意するのですか。それは一体どんな種類の同意ですか。

私が何かに同意するという時、人はただちに私がそれを良いと言っていると勘違いします。ナチスがしたことを良いというのはとんでもないことです。私が言っている「何かに同意する」と言うのは、単に私はそれを歴史が提示するままに同意するという意味です。解釈したり裁いたりすることをせずに。

私はこれらの動きの中に自分の場所を探します。時に共に進み、時に距離をとります。このように世界と向き合うことが、私の謙虚さということの理解です。そうすれば私はより自分の中心にあり続け、以前にも増して自分の領域において可能なことをするための力を持ちえます。私は境界線を越えることはしません。

私たちは今、政治社会的次元について話をしているのです。今のような考え方をするなら、どんな政治の形態も不可能になってしまう。

どうして、そう決められるのですか。すべては、後にどのような作用を持つかに集約されます。ある精神遅滞児のための施設のお話をしましょう。私は以前、その施設を訪問し、校長にその基金はどのようにしてできたのか尋ねたことがあります。すると、そこの校長は、百年前に金銭的危機にいた、ある農民の話を始めました。この農民は（貧民救助の制度下で）後見人がつくことになり、その後見人は彼をこの不幸な状況から救おうとした敬虔主義者[注10]でした。しかし、農場は競売にかけられてしまったので、その後見人は最も高い値をつけて、その農場を買い取りました。

その次の日曜日、湖を渡って伝道師がやって来た時、この後見人が彼に向かって言いました。「ちょうど競売で農場を買ったところです。おそらく、私たちはそれを精神薄弱（weak-minded children）——これが当時の一般的な呼び名だったのです——の子供たちのために使うとしましょう」すると伝道師は、「いいえ、まだ早すぎます。サインを待たなければ」と、答えました。二週間たって伝道師は再びやって来て、「サインを受け取った」と言いました。この時すでに、ひとりの精神薄弱児の世話をすることが伝道師に委ねられており、彼はその子のために何か始めなければならない状況にいました。そこで、伝導師は、プロジェクトを共に進めようと後見人に提案しました。

そのようにして始まったその施設は、すでに百年も活動を続けてきています。そこは精神遅滞児の模範的施設として尊敬され、地域に完全に溶け込んでいます。しかしその成り立ちは、意図や計画によったものではなく、ただ成り行きで起こったものだと言うこともできます。これだって政治です。もちろん、とってもシンプルなレベルの政治ですけれど。

(注1)" detrimental to the people "（訳注）
(注2)ナチスの台頭期（訳注）
(注3)Day-Glo　顔料に加える蛍光着色剤の商標。安ピカの、ちゃらちゃらした、などの意味。（リーダーズ英和辞典より）（訳注）
(注4)一九一九年、第一次世界大戦のドイツと連合国間の講和条約（訳注）
(注5)Schutzstaffel（独）ナチス親衛隊（訳注）
(注6)Willy Brandt（1913-92）ドイツの政治家。六九〜七四年まで首相を務める。独自の東方政策でデタントに寄与。一九七一年ノーベル平和賞受賞（訳注）
(注7)Day of Mourning（訳注）
(注8)East German Security　東ドイツの公安部隊（訳注）
(注9)アイヒマン Karl Adolf Eichmann（1906-62）ナチスの指導者の一人。第二次世界大戦中、強制収容所でユダヤ人殺害を指揮、一九六〇年アルゼンチンで捕らえられイスラエルで処刑された。（訳注）
(注10)Pietism 敬虔主義：十七世紀末ドイツのルター派内に起こり信仰の内面化・敬虔化を主張した（訳注）

19

永遠の平和への希望を放棄する

"I RELINQUISH HOPE FOR PERMANENT PEACE"

□ 権力の幻想

人びとは大きな歴史的流れにあらかじめ仕えるものとして取り込まれていて、多くの場合それが何かを知ることもないと、あなたは言いました。もし、歴史とは、歴史自身が歩むべく道をただたどるというのなら、より良い発展が可能だと考えるのは傲慢である。あなたはそう考えますか。

もちろん、発展はあるでしょう。しかし、私たちはそれが最後にどこへたどり着くのか知りません。子供は希望に満ち溢れています。青年期には何かに関わり、何かを達成しますが、やがてそれは他のもろもろの現実によって制限され減速されます。限界に気づいた時、おそらく人はより謙虚なものへと移行します。若者はそれをブルジョアと呼びます。私はありのままの世界に同意することだと捉えています。それは有益な効果を持ちます。しかし、次世代の子供たちはまた同じプロセスを最初から始めるのです。

あなたは今、個人的なレベル、もしくは家族レベルでの話をしています。では、社会レベルでの発展や、過去の体験を基にした改革はあると思いますか。

もちろん。現在のドイツの民主化は、第三帝国(注1)の体験を抜きに想定することはできません。その時代を生きたすべての人にとってどれだけ酷いことであれ、それは有益な結果ももたらしました。

そのためには、あれらのことすべてが先に起こらなければならなかったのでしょうか。

私がその問いに答えられるとは思いません。私はただ、事実の後にそれを見ることができるだけですから。ヘラクレイトス(注2)は、「戦がすべての父である」と言いました。この発言を批判することはできますが、しかし問いは残ります。彼は正しかったのだろうかと。私は争いや衝突を回避できない現実を見たら、ただ同意します。私は恒久的な平和への希望を持つことを放棄します。

私は対極にあるものを高次の次元で理解したいと思っています。善と呼ばれるもの、悪と呼ばれるものは、高次の次元では一緒に作用します。戦争と平和は一台の馬車についたそれぞれの車輪です。ある政治的な見解は、その他の見解と共に働くものであり、互いに支えあっています。このように物事をみると、すべての動きは、それがたとえ、われわれが悪と呼ぶものでさえも、全体に対して何かの貢献をしているのです。

私にとって、このことはまた、大きな歴史的動向は不可避であることを意味します。ナチズム、共産主義、ドイツ再統一を誘発した動きもまた然りです。これらのうねりは、誰も制止することができません。これらは個人の力を超えた、より大きな力の噴火です。このような動きに参加した多くの人びとは、彼ら自身がこの動きを創り出し、この動きを操ったかのような印象を持ったことでしょう。しかし、それと対極の動きに参加した人びとも、同じ考えを持っていたのです。

今、多くの人は人類が原子爆弾で世界を破壊する力を持っていると信じています。これに異議を唱える人びとは、自分たちにはこれを抑制する力があると信じています。双方ともこの世の中に働く力を誤解しています。双方とも、行動を起こす力とその源泉は、個々人の手の中にあるという誤った信じ込みに基づいた考え方をしています。個々人の力だけでは十分ではないのです。

抗議すること、反対することはもちろん重要です。重要でなければなりません。しかし、これらは私たちの手の中にあるという考え方は、行き過ぎであると私は感じざるを得ません。私には対立する者たちは双方とも皆、同じボートの中に座っているように思えます。双方とも物事は自分たちの手の中にあると信じ、そしておそらく、双方とも同様の暴力を行使する準備があるのです。双方の間は、単に内容において違うだけで、本質的な姿勢は同じです。

必ずしも双方が同じような暴力を行使する準備をしているわけではありません。

必ずしもそうではない、しかし現実にほとんどの場合そうでした。ナチスは極端な行動を起こしましたが、それに対する抵抗運動をした者たちも次第に暴力による手段以外にこの状況を打破することはできないと気づきました。このような状況下の具体的な行動において、一方が他方より平和的傾向を持っていることはありません。ナチスが行った蛮行を見れば、もちろん抵抗者がとった行動は理解できるものでしょう。しかし、そこにある違いは、どちらがより平和的であったか、非平和的であったかではありません。二人の戦士が戦っています。それぞれにとって、自分の視点を強制するためには、相手を倒すことが必要なのです。

ナチスのような極端な状況下において、平和的な人びとが自ら武器を持ち戦うという行為は正当化されるのではないでしょうか。

これは正当性を問う問題ではありません。暴力が回避不可能な状況は存在します。机に向かって座りながら、何が正当で何がそうでないかを判断できるという思い込みは、ナイーブだと思います。

□ 罪

つまり、私たちが何をしても、私たちは結局すべて「全体」へ奉仕しているということですか。

そうです。ただここで、もう一つ重要なポイントを付け加えておきましょう。それは自ら罪悪感を背負うことを買って出ない限り、人は行動を起こすことができないということです。潔白であり続けようとする人は力を持ち得ず、罪を回避するための行動を起こす中で、他者を余計に苦しませます。

このことに関連して一つの例を挙げましょう。私は長年にわたって白人と黒人が完璧に隔離されている南アフリカで生活しましたが、そこで集団というものについて深い洞察を得ました。家族という集団とワークをすると、人びとは集団に属することが見てとれ、そしてある集団が危機に直面すると、それを回避するために他のもう一つの集団に対して防衛をし始めます。それぞれの集団は独自に自分たちのグループのためになることすべてを奨励し、他の集団にダメージを与えることを奨励する内的良心を構築します（自分たちの集団が潔白であり続けようという試みにおいて、他の集団を攻撃するのです）。ほとんどすべての残酷な事柄は、ある集団において完璧に明瞭な良心の名の下に、他のグループに対して行われてきました。このような良心には恐るべき性質があります。問題は、そのような状況下で一個人に何ができるのかということです。その集団を離れることでしょうか。ある人びとはそれが正しい行動だと言うでしょうが、しかし自分の属する集団を離れた個人は、一体どこへ行けるというのでしょうか。自分の属する集団を裏切った個人を、他のどの集団も受け入れはしません。

（注1）第三帝国（1933-45）ヒトラー統治下のドイツ（訳注）
（注2）ヘラクレイトス（540-c. 480 B.C.）ギリシアの哲学者（訳注）

20

幸せとは魂の次元で到達する

"HAPPINESS IS AN ACHIEVEMENT OF THE SOUL"

ところで幸せについてはどう考えますか。まず、幸せは存在するのでしょうか。

誰の人生においても、初恋とか、結婚とか、子供の誕生など、幸せを感じる出来事や瞬間というものはあるでしょう。

人生のそれぞれの時期に、それぞれに合った幸せ、そして掟があります。この事実はよく忘れられがちなのですが。お母さんのお腹の中にいる胎児を思い描いてみてください。そこは幸せな場所です。しかし、それでも胎児は九ヶ月後にそこに居続けることが耐えられなくなります。もし、その子がラッキーであれば、その後、母の腕に抱かれ、愛され、世話をされていることでしょう。しかしそれもつかの間で、その子にとってはそれも窮屈な場となります。歩きたいし、動き回りたいと思うからです。

その子がティーンエイジャーになりました。自由を謳歌し、時にはタガを外して遊び回ることもあるでしょう。それも少し経てば、つまらないと感じ、新たな成長段階へと進むのです。それは、就職、責任、結婚、子育てなどです。

多くの文化圏では、成長は儀式を通して管理されてきました。ですから、どのように幼児期から青年期へ、そして青年期から大人へと移行するかが設定されてきました。しかし私たち西洋においては現在、この種の儀式のほとんどが失われています。かつては軍隊に召集がかかることが、男の子にとっては、大人への仲間入りの一つの印でした。後に結婚がもう一つの移行のしるしでした。

つまり私たちには通過儀礼がない。

はい。昔は弟子がマスターの元に弟子入りし、それが一つの通過儀礼でした。そしてその弟子がマスターになり弟子をとることが、もう一つの移行です。今日、似たような通過儀礼は存在するものの、以前と同じような深い意味を含んだ機能を持っていません。

幸せの話題から逸れてしまっていませんか。

私たちが持つ幸せのイメージのほとんどは青年期における幸せのイメージです。多くの人が青春時代を特別な特権のある時代として捉え、その時代が長く続くほど良いと考えています。もし私たちがそれを望むとしたら、私たちはそれぞれの成長段階における大切なことを見失っている、それに気づいていないのです。

例をあげましょう。五十歳にもなって青年期のように過ごしている男性——家族もなくそのことが持つ意味についてまったく無自覚な者には何が起こると思いますか。ある日突然、彼は孤独を感じ、そして成長の過程で何か大切なこと、すなわち、ちょうど良いタイミングでのちょうど良い変化をしそこなったことに気づくでしょう。

私は幸せとはもっと複雑なものだと思います。それは陶酔のような心の状態ではありません。むしろ私は、幸せとは、今現在、私が属する成長の過程においてちょうど良いところにいるという感覚だと思います。幼少期においてちょうど良い、青年期においてちょうど良い、または女性として、男性としてちょうど良い場所にいる。または私の仕事において成功している、などなど。

これは別の側面からいうとちょうど良い時期に、身を引けることと関係しています。これもまた、重要なステップです。そして究極的に最後は後から来る者へ道を空けるためによける。つまり、死に向かうということ。

それでは困難な運命を持つ人びとにとっての幸せについてはどう考えますか。

たとえば障害を持つ子供の母親など、重い苦悩を背負う人に対して、多くの人はなんて運が悪い母親だ、なんて運の悪い子供だなどと言うでしょう。しかし、もしその母親が自分の置かれている状況を直視し、また、子供がそれを直視した場合、彼らはあるとても特別な重要性とそして強さ――それは通常の幸せというものを超えた重要性と強さですが――を構築するでしょう。ハッピー人間だらけの世の中をちょっとイメージしてみてください。どんな世の中だと思いますか。そこにはどれだけの強さと偉大さがあると思いますか。

障害児を持った母親の功績には、もっと意味があるのではないでしょうか。

私はそのような解釈をしません。解釈なしに、まずあなたの近くにいるそのような人びとをよく見てみてください。障害児を持ち、それを受け入れ、そしてその子を育てた母親を見てご覧なさい。

そのような人が周囲に与える癒しの効果の偉大さに気づくでしょう。それは幻想を打ち壊します。そしてまるで光を放つエネルギー・フィールドのような働きをします。

実際に体験したことがありますか。

セラピーで、そのようなケースにいつも出会いますよ。どのように両親が、彼らの置かれている状況と向き合ってきたかに。私は謹んでそれに頭を下げます。私が到達することのできない偉大さですが、私はそれを見ることができ、それが持つ癒しの力は私の上にも働きます。

私たちは幸せのためにこの世に存在しているわけではないと主張する人びとがいます。幸せには何か危険な部分があるのでしょうか。

その質問に対しては、いわゆる「ハッピー人間たち」は、もっとも満たされた人びととは違うでしょう、とコメントすることのみにしておきましょう。

真に満たされている人は輝き、周囲に何かステキな光を放っている、それが私にとっての幸せの定義です。世界にはそのような幸せな人びとが十分にいないというのが私の意見です。人類が手を取り合って生きて行く上で、そのような人びとが増えたなら全体的な雰囲気を一気に変えてくれるでしょうし、それが何か危険であるとは思いません。もちろん、私の幸せの定義は、メディアを通して植え付けられた、浮ついたハッピーにあこがれるような感情とは違います。

遊びに夢中になっている子供の幸福感、恋に落ちた時に感じる幸福感などがあります。これらはすべて、いとおしいことは確かですが、私の言う、満たされた感じ——充実感——はこのようなものとは違います。充実感は苦悩や死を含んだ偉大さとの調和の中にあります。それは深い落ち着きと重みを与えます。それは何かとても静かなものです。それは達成の幸せであり、何かや誰かに没頭して自分を見失うことからくる至福感とは違います。達成の幸せは強さとエネルギーに満ちています。

達成とは？

たとえばある人が家を自力で建てて、それが良くでき上がった時、またはバイオリン奏者がバイオリンを弾いて美しい音色で演奏できた時、または何かを最後までやりとげることができた時。たとえば、子供は両親の「達成」の証です。私たちはそれぞれの役割を持っている。その役割において達成することで得られる幸せは、パーティーで得られる幸せとは違います。

つまり、自己表現以上のものである。

その通り。幸せとは魂の次元で到達するものです。

21

魂は〈時代精神〉に従わない

"THE SOUL DOESN'T OBEY THE ZEITGEIST"

□　男と女

あなたのワークはこれまで多くの人びとに、過去の時代精神やすでに古くなった価値観を擁護するものとして批判されてきました。そう批判する人びとはあなたの考え方は女性運動がこれまで達成してきたものに対する「反撃」であり、女性の解放を無効にしようとするものだと批判しています。あなたの秩序のシステムは家父長的ですか。

□　女性の優位性

私が秩序について話している時、私は何が見え、何が確認可能であるかという話をしています。ですから、あたかも私が開発したかのように私に帰せられた秩序に対して、私は反論します。まあ、それは良しとして、質問に答えるとしましょう。家族という集団を見た時、女性に重要性が置かれていること、それは男性ではないことは見て取ることができるでしょう。ほとんどの家族において、女性がリードしています。主として女性は男性よりも自分たちが勝っていると考えるからでしょう。もし女性が、自分たちの家族における重要性について無自覚であれば、おそらくそういう態度はとらないでしょう。

子育てにおいて、女性はほとんど常に男性と比べ自分のほうが適任だと感じるでしょう。これは離婚した場合、如実に現れます。離婚が成立した場合、ほとんどのケースでは子供の親権は母親に渡されます。父親の価値はそこではあまり尊重されません。非嫡出子の場合、つい最近まで父親の存在そのものを省みられることはほとんどありませんでした。父親はなんの権限もない、あるのは義務だけです。つまり、一つの家庭の内側では、母権が支配している。女性が中心に位置し、本質的事項を決定します。

いつ家父長制は始まったのでしょうか。

公の場においての男性支配、それに伴う公の場における女性の抑圧はずっとありました。それに対して、公の場における女性の尊重を訴える反対運動が起こりました。これはもちろん前進です。しかし、公の場における男性支配の歴史は、ある意味、家庭内における女性の優位性と関連していたことを忘れてはいけません。女性が家族を統治するから、バランスを保つために、男性は自分たちを外の世界における支配へと執拗に駆り立てたのです。

私は女性と男性の双方にとって、互いに認め合う姿勢が大切だと思います。私は女性が家庭の中心であり、男性は女性性に奉仕するものだと考えます。生命を守り後世にわたすのは女性です。そして男性が家庭の外でする活動はたいてい家族のためにすることです。男性は家族の外の顔であり、家族の基本的なニーズ、たとえば安全や食料を確保するために働きます。つまりその世界において、彼はある一定の立場を得るのです。

でも、それも今や当てはまりません。

かつてと比べると、確かにそうですね。家族という単位は、核家族化そして少子化が進み縮小していますし、かつてと比べて女性が家庭内で担う家事労働の重責は軽減されました。子育ては今日、両親の共有責任とみる傾向にありますし、女性は以前よりずっと家庭の外で活動することが多くなりました。これは私たちの社会における発展の一つの形です。私の個人的な意見としては、これは理想でもなければ、後悔することでもありません。このように物事は発展してきたという事実があるだけで、私はそれをそのまま承認します。

つまり、あなたは数世紀かけて構築された秩序があり、あなたはセラピーの場でその秩序をエネルギーの流れと沿うようにする。セラピストであるあなたは、私たちの歴史的な発展が家父長的であったことをただ事実として承認し、それを変えようとはしない。

この特殊な領域においては、私は私が社会政治的な関与をしているとみています。ただ思い出してください。私の洞察はほとんどすべてセラピーにおける治療的現場で家族とワークをしてきたことから得たものです。

ファミリー・コンステレーションでは、男性が家族の縦の序列の一番目に来ることが決まっています。男性が優位であるからではありません。彼の役割においてです。どんな集団においても、その集団の存在の基礎に関わる者が、その集団のゴールよりも序列的に先に来るのです。

病院を例に説明しましょう。病院では経営陣が基礎となります。ゴールは患者を治療することです。医者や看護士はゴールのために働きますが、病院の存在そのものに関わる基礎を提供する経営陣のほうが、序列で言うと先にきます。これは経営陣が医者よりも上であると意味しているわけではありません。しかし、医者は病院運営において最終的な権限は持ちません。なぜなら、運営に関しては経営陣が先行するからです。しかし、先行するという事実とは逆に、経営陣は医者に奉仕するために存在します。

同様の構造が家族にもあります。家族の存在にかかわる基本的な役割を担う男性が、序列的に先にきますが、家族のゴールを達成することにおいては、女性が中心の位置を占めています。

あなたが今説明したことは、おそらく男性が収入を得て、女性が子育てをしているという役割分担がされている家族には当てはまることでしょう。ただ、今日の多くの家庭には当てはまりません。あなたはそれでも魂の次元ではこのように作用しているのだというかもしれませんね。現在、女性の多くは家庭の外で働き、そして家事もこなしています。

伝統的な家族モデルについてもう少しお話を続けたいと思います。伝統的モデルでは、順序からすると男性がたいてい一番先、そして女性、次に子供となります。もしそれが逆回転する、つまり女性が一番目で、男性が二番目となる場合——女性がパートナーの男性に対して尊重の念がない場合にこのような逆転が可能です――。男性はおそらくその家族を去ろうとするでしょう。彼は女性を置いて去り、女性は捨てられたと感じることでしょう。

布置の中で、男性を女性の右側、つまり一番目の位置(注1)に立たせると、その男性は責任感を感じ、同時に女性は安堵感とサポートを感じます。

もし私が、「彼は男だから一番目の位置に立たなければならない」と主張するならば、それは家父長的態度と言えるでしょう。私はこのような考えを否定します。私が今ここでお話していることは、私がいつも注目していること、つまり、通常、何が調和をもたらし、何によって家族メンバー全員がより生き生きとするかという話なのです。

もし父と母の両方が外で働き収入を得て、伝統的モデルとは違う生活を送っている場合、事情は異なりますか。

もし、両方の親が家族を支えるために働いているとしたら、たいてい女性がその家族の中で一番目にくることでしょう。彼女は家庭内の諸事項においても、より重要な役割を果たしているでしょうから。もちろん、男性は彼女を助けることはできますが、単に役割を入れ替えることはできず、また完璧に対等というわけにもいかないでしょう。不均等さを削減することはできますが、なくすことはできないでしょう。

もし男性が家族の基盤となるニーズを支えられない場合、たとえば病気のために外で働けない場合など、女性の序列が家族の外においても先行します。

□ 尊重すること

女性運動の一派には、男性の役割を受胎にのみ限定し、残りすべて女性一人でやる――男性が周囲にいることを好まず、自らシングルマザーになる女性たちがいます。

これは現実の否定であり、秩序の冒涜です。そのような環境で育った子供たちが、後に母親に対して復讐をすることはよくあります。子供から父親を意図的に遠ざける行為は、子供に対して不当です。女性が「私一人でやれる」と断言する時、男性性は抑圧され、尊重されません。そのような家庭に育った男の子は、男性性をゆがんだ形で表現するようになったりします。なぜなら、ゆがんでない形の男性性が母親から尊重されていないからです。極端な右翼的行動が、父親を締め出し軽視できると考えた母親のおごりへの復讐であることは、実際よくあります。

子供がほしいが夫はいらないと言い切る女性の数は、とても少ないと私は思います。ほとんどの場合、夫との生活を続けることが不可能だったから、または父親が一緒に生活できなかったから、シングルマザーの道を選んだのだと思います。

それでもこの種の思考パターンは、多くの家族で見受けられますよ。

再び、私たちは「女性」のテーマ――今回は女性たちが持つ男性蔑視――に戻ってきてしまいました。しかし、このような女性運動の流れは、そもそも男性の女性蔑視や女性性に対する軽蔑への反

動として起こったのですよね。つまり、双方の側に蔑視があるということが見えてきました。あなたは、女性の男性蔑視をどのように説明しますか。

□ ダブル・シフト

男性が女性に対して持っている蔑視についても同様に説明できます。両方とも、過去の世代で起こった理不尽な出来事の埋め合わせであることが多いのです。時にある家族の中で後から生まれてきた子供が（たとえば孫が）母親や祖母が男性によって苦しんだ――捨てられた、利用された、虐待を受けていた、もしくは相手にされなかったなど――を、補う行動をとることがあります。多くの酷い仕打ちの例が実際にあります。そして孫が、不正の制止を宣言し、秩序を取り戻す試みにおいて、自分の配偶者を彼があたかも祖母を苦しめた犯人であるかのように扱い、他の女性たちと連帯して男性に反抗するのです。彼女はこのように行動しながら、自分自身を祖母よりも高く、上に置いている。まるで祖母が自分の孫に依存しているかのように行動していることに気づきません。こうする中で、彼女は自分の祖母への嘲笑を表現しています。

なぜなら彼女は、本来、彼女には権限のない役割をしているからですか。

その通りです。彼女が持っている攻撃性や、男性に対する怒りは、彼女の個人的な体験から来るものではなく、彼女以外の人に対して行われた不当な扱いに対して彼女以外の人が感じたものです。

つまり、彼女は自分自身に関わる何かに秩序を取り戻そうとしているわけではないのです。

もし、たとえば、ある女性が夫から不当な扱いを受けていたとして、彼女が夫に償いを要求し秩序を取り戻すことを——必要であれば攻撃的に——要求したのであれば、彼女は自分の尊厳に対して誠実です。彼女はその力を持ち得ます。なぜなら、彼女自身が体験した不正と苦しみがあるからです。もし彼女が持っている攻撃性が彼女自身に属するものでないとしたら、彼女は何かを補い、秩序を取り戻す力を持ち得ません。

もし孫が祖母の受けた不当な扱いに対する復讐を試みたとしたら、そこには「シフト」があります。祖母から孫へ、すなわち攻撃を試みる主体の転換のみでなく、祖父から孫の夫へという対象の転換も起こっています。攻撃性は犯人に向けられているのではなく、他の男性もしくは男性一般に向けられています。これでは何も解決されません。おそらくこれは男性からの反動を生み、それがまた女性からの反動を生む。このようにして異性間の無意味な戦いの幕開けとなり、この戦で勝つものは誰もいません。

解決は、おそらく不当な扱いをうけた祖母の孫である女性が、祖母を——たとえどんな人生を歩んだとしてもその祖母の人生を——尊重することからはじまります。たとえば祖母に向かって「あなたが生き抜き遂行したあなたの運命の前にお辞儀をします。そしてそのことにおいて、私は私のためになる何か偉大なことをする強さを受け取ります」そうすれば、この孫は祖母の復讐のために自分を費やす必要がなくなるでしょう。彼女は祖母から強さを受け取り、そして他者を低くすることなく自分自身の価値をそのまま肯定することができます。他者を小さいものと見下すことからは、偉大さは得られません。それは自分自身との和解から得られるものです。そしてそれは他者の目にも分かるものです。

でもあなたは先ほど、私たちは今、女性の時代に生きている、男性は退却したといいませんでしたか。

私なら、もう少し穏やかな表現を使うでしょうね。女性は健全な方法で前進してきましたが、だからといって男性が退却しなければならないということはありません。女性から攻撃された場合、おそらく多くの男性は後ろに引くことを望むでしょうが、それでは女性にとっても何も得るものはありません。男対女の戦いには勝者はいないのですから。

つまりあなたは、女性に男性蔑視があるという時、どちらに罪があるかを話しているのではなく、むしろ、その家族の歴史にあるもつれを示唆しているのでしょうか。

私がここで話しているのは、後世代の家族メンバーの肩に背負われた、前世代の誰かの運命です。おそらく今、男性蔑視の問題が浮上し多くの女性がこれに直面しているということは、女性に代々受け継がれてきた重荷を扱うことができる可能性が、ようやく広がったということなのかもしれません。私は女性運動の発展は、前向きで大きな一歩であったと考えています。

何が治療的領域に属するもので、何が社会政治的枠組みに属するものなのでしょうか。あなたはやはり今でも、男が家族の中で一番目の位置にいると言いますが、どんな意味においてでしょうか。

今のように、ある一文を取り上げ一般化することが、問題だと思います。私はここで社会的な規範を定めているのではありません。私は今、作用をチェックできる治療的環境での話をしているのです。布置を立てている時、私は家族のメンバー皆が心地よく感じるそれぞれの位置はどこにあり、どのようにして、到達できるのか——男性が一番目なのか、女性が一番目にくるのか——探っていきます。そして、布置でそれを試してみるのです。私がワークをしたうちの約七〇％のケースでは、男性が一番目のポジションをとると、家族全体が心地よさを感じるようになり、約三〇％のケースでは、女性が一番目のポジションを取った時、心地よさを感じました。

このことは歴史的な家父長的パターンを反映しているのですか。そして無意識レベルに社会化のプロセスが影響しているということでしょうか。

□ 魂

それ以上でしょう。魂の次元が関与していますからね。魂は社会政治的なおきてに従うものではありませんから。たとえば、女性が家族内の序列で一番目にくることにし、公にも母系家族制を要求したとします。その要求自体は十分道理にかなっています。しかし、その場にいる人びとの魂の次元では、そのような決定は承認されることはなく、ただ何かがおかしい、秩序が乱されたと感じ、それに反応することでしょうし、そのことによって苦しむことでしょう。イデオロギーを基礎とした議論によって、魂を説得することはできません。また、奥深いプロセスである魂の働きは、社会化のプロセスに依存するものではありません。私たちが分かることはただ、私たちの文化において魂は、似かよった反応をするのだということです。

それは文化によって違う。

もしそうだとすると、それでは文化を変えればいいだけじゃないか、それに合わせて魂も変わると言いたいのでしょう。残念ながら、魂はそのように変化するものではありません。民意が変化し新しい社会規範ができたとしても、それでも魂はかつてと同様に反応するでしょう。

あなたは確信を持ってそうだと言えますか。

少なくとも私が今まで見てきた限りでは。魂は時代精神に従いませんでしたよ。

魂のルールを実際に知ることは本当にできるのですか。

「魂のルールは闇の中にある」、といっても良いでしょう。私たちはただその作用を感じることしかできません。ルールを把握しようとするよりは、私はどちらかというと、何が現に魂によって突き動かされたのかに注目し、そこから解決策を探すことを好みます。この方法だと大きな対立をすることなく進むことが可能です。男性と女性のどちらかにとって不利益なことを、魂は要求しません。魂は単に物事に秩序を取り戻すこと、有益な方法でそれに向かうことを要求しているだけですから。

あなたの著書からは、女性のほうが男性よりも魂のもつれを紐解くには大きな役割を演じていること

とが読み取れます。先ほどあなたは、「たいてい女性は男性よりも自分たちが勝っていると考えている」と言いました。その発言はどこから来ているのですか。

私もあなたと同じ疑問を持っていました。女性が解決の鍵を握っていることが多いのは事実です。男と女が持つ重みは同じではありません。女性は一般的に男性よりも重みを持ち、より自分自身の中心に根付いています。男性は一般的に女性に奉仕することのほうが、その反対のケースよりも多い。少なくとも家族のワークからは、そのように体験してきました。

あなたは「女性がたいてい男性よりも自分たちが勝っていると考えている」と言いました。その優越感は多くのトラブルの元となっていると考えますか。

ここで一つ確実なことは、女性は妊娠、出産という体験を通して、彼女自身の特別な地位を自覚しています。それは優越感があるからではなく、自分の重要性を自覚できる体験だからです。男はこのような深い体験を持ちません。ですから違う方法でそれを模索するのです。男性は継続的に自分の男性性を再肯定する必要があります。女性は女性性に対してこのようなプロセスを必要とはしません。男性はほとんどの場合、他の男性たちと連帯して男性性を再確立するのです。

男性は女性と違います。そう願っているからではなく、ただ違うということが事実だからです。女性にとって、男性がそこまで違うということを理解することがしばしば難しいようです。もちろん男性にとっても女性との違いを理解するのは難しいことですが、それでも女性にくらべると、より楽に把握しているように見受けます。

女性が感じる優越感について、あなたはまだ、何も答えていません。「女性は男性よりも優越だと思っているから家庭内で女性が主権を握る」とは決して軽い発言ではありません。

優越感とは、自分自身が重要であるという認識が退化した形です。女性が自分の重要性にしっかりとどまっていれば、優越感という形をとる必要もないでしょう。

でもあなたがさっき、女性はたいてい優越感を感じていると言ったのでしょう。

オーケー……。私も、時々、少し大げさになるのです。

私はこのことについて、まだ真剣に議論を続けたいのです。女性運動の目的は女性性に対する軽視を止めることでした。不当な権力による犠牲者にとって、優越感を持つということ以外にどんな可能性があるのでしょうか。

何世代にもわたる女性への抑圧や狭窄は酷いことだと思います。私はそれを、女性の持っている大きさと重みに対する男性の恐れという視点から説明可能だと思います。男たちは女性を支配し飼いならすことで、自分たちの存在を守ろうとしたのでしょう。それでも、私は男性性が女性性に奉仕するという性質も確かに観察してきました。今、男性に課されていることは、女性の重要性を深い尊重の念を持って直視することです。そうすれば女性が、男性と同等の権利と同等の機会を持てることでしょう。

現在の女性が持つ、公的な場における少しばかりの尊重と尊厳は、女性たちによる苦い戦いによっ

て獲得されたものです。

確かに、それは事実です。でも一方で、多くの男性は十分に思慮分別があり、喜んで女性の権利を認め、尊重しましたよ。とりわけ家族の中で。

そうですか？　多くの家庭では、男たちは未だに女性が働きに出て自分で稼ぐことを、反対していますよ。

女性が外で働き、経済的に自立できるほど稼ぐようになったら、女性の持つ重みはより偉大になるでしょう。男性がそれを行き過ぎだと感じるのは、容易に想像できますし、実際そうでしょう。そのような非伝統的なカップルにおいて、お互い良い関係を築く道を提供する新しい文化が必要ですね。

先ほどあなたは、女性が自分の受けた苦しみではなく、母や祖母が体験した苦しみの復讐を試みると言いましたが、私としてはそれは一方的な見方だと思います。現在、多くの女性は実際に理不尽な体験をしています。男女間にある給料の格差も一つの例です。七八％のドイツ女性は自分の稼ぎだけで生活を成り立たせることができません。また、多くの女性は十分に金銭的なサポートがないまま、子育てを一人でしている状況です。貧困は女性原理だとは、実に的確に言い表していますよね。このほかにも数え切れないほどの例があげられます。これらは過去の世代の誰かが体験した不当な扱いではありません。

正しい主張ですね。でも私は、表面上分かりづらい微妙な次元で、不当な扱いと戦っている女性が、どのように男性を尊重しているか知りたいですね。尊重または敬意の念は少しでもそこにあるでしょうか。父親としての男性の権利を認めてきたでしょうか。多くの場合、そうではないようです。つまり、これは、男性の行動だけが問題なのではありません。男性がこのような行動をとる一因は、女性がこれまでに男性の価値をおとしめ、父親を締め出してきたことにもあるのです。これでは悪循環です。

ラディカルな運動であればどんな運動においてでも、常に早合点で十分に熟考されていない部分があります。それは当然なことだと思います。私はあなたが言ったことをちゃんと理解できているかどうか、確認したいのです。あなたは「今までされてきた不当な扱いや理不尽な体験にもかかわらず、女性は男性を尊重する必要がある」ということを言いました。それは関係性を説く一つの新しいカルチャーですか。「男性も女性も異性に対する尊敬の念を持て。そして女性はこの世の悪すべてを男性と関連付けようとする誘惑に抵抗せよ」。

上手に表現されましたね。

（注1）布置では、序列は右回り（時計回り）となる。十二時の位置を父とした場合、一時の位置が二番目、二時の位置が三番目となる。（訳注）

22 次世代のために

"I CARE FOR THE COMING GENERATION"

□ 関わりとバランス

あなたはファミリー・セラピストですから、母―父―子という構成に焦点を当てます。それが私には、ある家族集団すべてが排除されているように見えるのです――子供のいない家庭、独身者、または伝統的な結婚や家族という枠組みに当てはまらない人びとなど。生活スタイルの多様化に伴い、さまざまな形態の「家族集団」が存在するというのが現在の現実です。あなたの話では、子供のいない女性は不自然であるという印象を受けます。

□ 失ったもの

長い間、女性は子供をたくさん持つことから逃れられませんでした。古代では、街の存続のために、すべての女性は最低五人の子供を産まなければなりませんでした。そして当時はそれが普通の生活の一部だったのです。私たちには当時の人たちの人生というもの、当時の状況、そして新生児の死亡の近接感は想像すらできません。でも彼らは幸せでしたし、人生の喜びも体験したことでしょう。たくさんの生命《いのち》は、十分な死があって初めて流れてきたのです。死亡率が下がり、以前ほど新しい生命が生まれなくなりました。皮肉な表現を使うと、医療の進歩が新生児を死亡から救ったことで、私たちは充実感を失いました。

現在、子供を四人や五人持つことはほとんど考えられないこととなりました。従って、私たちは違う道へ方向転換し、多くの人びとはシングルで通し、または子供を持たなくなりました。これは現在の状況下にふさわしいことです。

でも奇妙なことですが、子供を持たないことに決めた多くの人びとは、自分たちがより優れた道を選んだと信じ込んでいます。おそらく彼らはそのことが進化のプロセス全体によって必要となった基準であることすら気づかないことでしょう。彼らはまた、自分たちの選択に満足していたとしても、それが何か重要なことを排除したという事実を打ち消せないとは、おそらく気づいていないでしょう。

子供のいないカップルや一生シングルで過ごす人たちのことを言っているのですか。

かつて、女性にとって、そして男性にとっても、子供をたくさん持つことは充実感の得られることでした――もちろん、それ以外に何もなかったのですが。現在、子供を一人だけもつ女性は、家庭という枠組での役割に十分に満足できません。子供がいないとしたら、なおさらです。ですから、女性たちは成長するために、他に打ち込むことのできることを探します。これ自体は妥当なことです。私たち西洋の社会では、たくさんの子供を育てる女性の幸せというものは、もう効力がないのです。

リルケはこのことを、「われわれは自然とのつながりから失われてしまった」と表現しました。広場は失われた。複雑さは失われた。地球は貧しくなりつつあります。かつて存在した多くが消えてしまいました。記憶として残されてはいるが、すでにもうそこにはない。この喪失への憂いの感情は、私たちに消えた王国、そしてそれらの持っていた深みを回帰させます。

ある女性が、母親としての役割を成し遂げることは自分の選択ではないと思い、そしてそれを喪失として体験し、同意するならば、彼女は彼女の払った犠牲と悲しみを通して一度失った何かを取り返すことでしょう。そして彼女が失った事柄に目を向けながら自分のキャリアを積んだなら、キャリアでの功績のみが進歩であるという思い込みや傲慢な態度で「子供や教会、台所なんていらないわ」といった場合とは違った充足感を得ることでしょう。

決して、われわれが変われるとか変わるべきだとか、言っているのではありません。実際、それはできませんしね。ただ、記憶と直面する中で、失ってしまったものに目を向け、心の中にその場所を設けるという行為には、深さがあるのです。

つまりあなたがファミリー・コンステレーションというセラピーの領域でしていること、すなわち、排除された者や忘れられた死者を家系の図の中に再び取り戻すプロセスと、今、あなたがここで言っているプロセスは似ているものであり、ただ領域が違うということでしょうか。今お話されているのは社会の領域であると?

そのように考えてみたことはありませんでしたが、そうですね。そう表現してもいいでしょう。死者が生き返ることはありませんが、失われたものの場所が与えられ含まれることで、より完全な全体になります。

それは、昔はすべてが良かったというようなノスタルジアとは違う。また反対に今のほうが何もかも昔よりいいという過去の否定でもない。

そこには、おごりもなく、郷愁もなく、そしてまた取り戻そうという願望もない。たとえ取り戻すことが可能だとしても。もちろん発展を遅らせることはできるでしょうし、可能な限り物事を保存することもできるでしょう。ただ、すべてを残せると考えるのは幻想でしかありません。

先ほど、私があなたの言葉としては聞きなれていない「関与」という言葉を口にしましたよね。そして、何か善いことのために働くということをお話されていました。あなたからこのような言葉が出てくるのは正直意外でした。つまりあなたの世界観の中でも、善いことのために積極的に関与するということは可能なのですね。少し前(女性運動や学生運動のことについて話している時)に、さまざまな種類の関わりについて否定的な意見を持たれていました。たいていの場合、運動家は自

分自身が上であると考えていることで。そこで質問ですが、あなたにとっての関与とは一体どのようなものですか。

次の世代への配慮です。これはどんな大人にとっても関心を持つに値する事柄です。たとえば、物事が子供たちにとって良いように保障すること、子供たちが成長していくために必要な機会を保障すること。

それは親としてだけでなく？

親としてだけではなく。充足感はすべて、そのような視点で物事を行った時に味わえるものです。政治においてさえも、決定的な要因は次世代への関心です。この種の関心というのは、とても静かで落ち着きを持ったもので、与えることと受け取ることの均衡を保ちます。両親から受け取ったものをしっかりと受け止め、それを次世代につなげる。まだ見たことのない次世代の人びとの中で花開くように、次世代に渡すことを通して両親への敬意を払う、というように。

セラピーのセッションが終わった後、私は今日の両親とのワークが、「子供にとってどう作用しただろうか」と自問します。多くの子供たちにとって良い方向に動いたという報告をもらうことは、私を感動させます。これはいわゆる「関与」ではありませんが、それでも私が何かを成すためにすることです。それはたとえばこれまでに受け取ったものすべてと共鳴すること、それを吸収すること、そして受け渡すということです。

孫と一緒にいるお爺さんの姿を思い浮かべてみるといいでしょう。そこには何か穏やかで温かい空気が流れていますよね。見返りを求める意図のかけらもなく、自分が持っているものすべてを与える姿です。私にとって、それは年老いた者の美のイメージです。
まだ中年期にいる人びとは、これをする必要はありません。その段階に入っていない人がこれをすることは、分別あることとはいえません。それでも私たちは私たちがやって来た〈いのち〉の流れの中に立っていて、その一部であり、そこから後世へと渡していくのだ、ということを常々認めながら生きることは素晴らしいことです。

それは言い換えれば倫理ともいえますね。

まあ、そういうこともできるでしょうね。もしそれがそんなに日常的なものでないのであれば。これらは、誰かに伝える必要などまったくないことです。倫理と言ってしまうと、正しいこととして他者に従うように要求するものとなってしまう。でも私がここで言っているのは、そのような必要のないものです。お爺さんに向かって、孫とどのように向き合うべきかを教える必要などないでしょう。彼は、知っていますから。私がこれらのことを一つの倫理として設定すると、私はもしかしたら〈いのち〉の営みに逆らっていることになるのかもしれません。

□　運命の営み

あなたは「服従」と「運命」と言う言葉をよく使いますが、この二つの言葉と「関与」との関係は何ですか。

運命とは、ある人にとって、厳密にそれがなにかを定義することができないけれどすでに定められている、というもののことです。関与は、個人が使命と感じることです。

人は皆、それぞれすでに、定められた運命があるのですか。

運命という言葉は大げさで強すぎる気がしますね。私ならその代わりに、「私たちは仕える動きの中にすでにいる」というような表現をします。それはゴールに向かって舵を取る姿勢に近いでしょう。一方で、人はその人を取り巻く環境、病、身体的構造、国、人種などによって条件付けられています。生まれた時にすでに設定されているその限られた条件の中で人は成長します。その条件の境界に同意することで、人は人生を満たす強さを得ます。

セラピストとして人と接する時、私はその人の道がどこに向かっているのか、そして限界はどこにあるのかということに注目します。そして、クライアントが境界線を受け入れる方向に誘導し、クライアントが夢と現実を混同させる要因となる幻想を排除します。

運命の一部は、その人自身の言動、そしてその人が背負っている罪に同意する行為の結果でもあります。例を挙げましょう。ある人は特殊なパートナーを持っている、特殊な専門分野がある、または特殊な子供を持っているかもしれませんし、また余命が限られているとか、失敗ばかり繰り返す傾向があるかもしれません。これらは皆、その人の運命に属することがらです。これらのことは起こることですし、私はそれに介入することはしません。私がすることは、当人がしなければいけないこととまったく同じこと、すなわち、運命が提供したものにただ同意することです。そしてまさに同意したことで、時にその状況から助け出す方法を見つけることもあります。もちろん、もともと限られた条件の中でです。

運命を変えるために介入することはできないのですか。

もちろんです。運命が変わるとしたら、それは運命に対峙することからではありません。それに、変化の可能性は時に、運命自身からやってくることもある。ただ、もし今がその時ではないなら、私は何もしません。

それは前近代的であると同時に、ポストモダンでもある。現代の人びとは、人生は自分たちの手の中にあり、自分が自分の運命を決定できるという前提を持っています。自分の人生は自分が創造するのだとすら言われています。あなたの運命という考え方の枠組みの中には、自分の幸せを自分で創る、または自分が不幸を作り出しているという考えは、入り込む余地がないのですか。

もちろん自分の創造が入り込む隙間はあります。しかし、運命の力動に服従し、それに沿うように歩みを進めるというもう一つの道もあるのです。自分に果たされた使命に気づき、それに従う時、それまで自分自身が考えたこともなかったような道にたどりつくこともあるのです。行きつく先は明らかではなく、次のステップは暗闇の中にある。その道がどこへあなたを連れて行くのか明確にはわからない。それでもあなたはその道と調和している。そんな時は決まって、あなたは自分自身の力だけを信頼している人よりも、確実により大きくより満たされたものに導かれているのです。行動を企てることは抵抗を招きます。

秩序について、もう一つお聞きしたいことがあります。あなたが秩序について話す時、私は一つ気になることがあります。それは、あなたはいつも、優越感という概念に戻ることです。優越感というものが秩序を破壊する主な理由のようにも思えてきました。この他にも秩序に影響を与えるような姿勢はありますか。

はい、あります。ただ、前向きな意味において。すべての人が集団に属する同等の権利を持っていると承認すること、仮定としてではなくシステムの秩序とはそういうものであるというように承認すること、このような姿勢は秩序に変化をもたらします。付け加えると、それぞれの人が全体の構成の中で特別な場所を持っている、そして誰かが誰かより上でもなく下でもないということを承認すること。

□　魂の秩序とモラル

それはむしろ、魂の道徳外秩序ですね。

または、最高の道徳と言うこともできますね。

私が道徳外と言う言葉を使ったのは、昔の道徳では、未婚の母や結婚をせずに同棲している人やホモセクシュアルなどは、追放されたり社会から締め出されたりしたからです。そういう時代には、非嫡出子がいることを隠したりしましたが、それはその時代の道徳と一致する行動でした。

そのような道徳は、自分を他者よりも高いものとし、他者を見下すための砦のようなものです。残酷で破壊的な衝突はすべて基本的に同じ態度からきています。それは、私はあなたよりも正しく、あなたよりも権利がある、だからあなたを排除していいのだというような態度——これらは皆、破壊的なステップです。

私が道徳外と言う時に意味しているのは、秩序と公平さの感覚、現在の社会的規範である道徳から完全に遠くにあるものです。

まさに、その通り。

それはつまり、この魂の秩序というのは現行の道徳に大混乱を巻き起こしてしまうということでしょうか。たとえば、一九五〇年代の窮屈なモラルや、小さな村の厳格な管理など——当時社会的にも歴史的にも他者を排除する動きを誘発する状況があったように思います。

もちろん。そして騒動が起こり集団が機能しなくなったら、まずすべきことは誰がどこで除外されているかを見つけることです。そしてその人を引き戻すことです。

(最後に一つお聞きします。)あなたは世界をありのまま認めると言いますが、その割に、あなたにはある特定の善のイメージがあると思います。あなたは善をどう定義しますか。そして、どうやって自分のほうが上であるという優越感を持たないようにできるのでしょうか。

何が善であるかを見極める時の基準は、そのことによって誰かが安堵するのか、誰かに喜びをもたらすのか、または誰かの苦痛を和らげるのかなどです。しかし、私は、私が人びとの問題に関わらずに放っておいた時、しばしば自分でより善い方向に向かうことを観察してきました。これは単にどのように善いことをするかという問いではなく、いかにある程度の善をそのままに放っておけるかという問題でもあります。

（さて、本当に最後の質問です。）あなたのワークに対しては、様々な議論が飛び交っています。それら批判的な攻撃に、どう対処するつもりですか。

とっても単純です。もし人びとのすることが何か良い作用につながるのなら、私はその人びとに同意します。

初版（二〇〇五年）訳者まえがき

本書は、一九九九年にドイツ語で出版された Anerkennen was ist の英語訳 Acknowledging What Is を訳出したもので、ファミリー・コンステレーションの開発者であるドイツの心理療法家バート・ヘリンガーのインタビューの記録である。

原書が出版された当時、ヘリンガーの名は既に、ファミリー・コンステレーションという手法と共に、ドイツだけでなくヨーロッパや北米の心理療法家やボディー・セラピスト等の間で広く知れ渡っていた。ヘリンガーのワークショップは、世界各地からの参加者で盛況であったし、ヘリンガーの影響を受けて、ファミリー・コンステレーションを実践するセラピストも増加していた。

しかし、ヘリンガーのワークに対する評価が、両極端に分かれていたことも事実である。その主な理由は、彼のワークが、通常セラピストが前提としている枠組みにチャレンジしたからだ。ワークショップを終えた後、参加者は、目の当たりにした体験をどう消化してよいのか途方に暮れる。時には疑問で頭がいっぱいになる。心のどこかで「これは真実である」と確かに感じるその一方で、「いったいそれが何なのか」がうまく表現できないといった具合だ。本書では、インタビュワーであるガブリーレ・テン・ヘーフェルが、多くのワークショップ体験者が持ったであろう疑問を見事に代弁し、ヘリンガーに鋭い質問を投げかけ、それに対する彼の答えを巧みに引き出している。「この本を読んで、ようやくヘリンガーのワークを理解できた」という、多くの読者からの声が示すとおり本書の中ではヘリンガーのワークを理解する鍵となる、彼のありのままの人間性が生き生きと描かれている。

ところで、日本ではまだヘリンガーが広く知られていないため、多くの日本の読者の中には、バート・ヘリンガーは何者であり、ファミリー・コンステレーションとはどんな手法なのか、そしてこの本を読むことが、彼を知らない者にとってどれくらい有意義なのだろうか、という疑問を抱かれている方もいるのではないだろうか。そのような読者のために、簡単にここで、ヘリンガーの経歴と功績、そして彼の人柄やワークの内容について紹介をしておきたいと思う。

バート・ヘリンガーは、一九二五年にドイツに生まれた。二十歳でカトリックの修道会に入り、以来二十五年間カトリックの司祭として活動した後、四十代半ばで精神分析を学び、その後、多種多様の心理療法を修得した。彼が影響を受けた心理療法のうちで代表的なものは、原初療法、ゲシュタルト療法、交流分析、ＮＬＰ、家族療法などである。ヘリンガーの手法は「ファミリー・コンステレーション」という名で最もよく知られているが、この名称自体は彼のオリジナルではない。家族療法の分野では既にこの名称が使われていたし、ヘリンガーもRuth McClendonやLeslie Kadisに師事してファミリー・コンステレーションを学んだ。しかし、ヘリンガーは、固有の学派に固執することなく、人間の生の背後にあるダイナミズムを探求しつづけ、修得してきた様々な心理療法のエッセンスを統合し、彼独自のいわゆる「ヘリンガー・ワーク」を展開するに至っている。時には、ＮＬＰの手法を駆使し、ミルトン・エリクソンさながらの逆説的手法で、クライアントの深い部分に揺さぶりをかけ、知らないうちに気づきをもたらせる。そういった彼の独創性と、そして魂の領域にまで達する癒しを提供するワークの深さのゆえに、ヘリンガー・ワークは瞬く間に欧米の心理療法家の間で脚光を浴びることとなった。そして、彼のワークは、今や、欧米のみならず、世界各地に広まり続けている。ヘリンガーがこれまでに訪れワークショップを開催した国は、北米、南米、アジア、中東と三十カ国に及ぶ。また、三十冊を超える著書を出版し、そのうちの代表的な作品は十カ国語以上の言語に翻訳されている。バート・ヘリンガーは、まぎれもなく今日、国際的にみて最も脚光を浴びている心理療法家の一人である。

ヘリンガーはファミリー・コンステレーションのワークにおいて、個人が抱える病や苦しみの背景にある家族システムの力動を明るみに出し、それらの要因となっている魂のもつれを解きほぐす。そして、クライアントとその家族が癒しの力を取り戻す手助けをする。ファミリー・コンステレーションは、通常十人から二十人程度のグループで行われ、クライアントが家族の代理者を配置することから始まるが、手順についての詳細は本書の最初の章に書かれているのでそれを参照していただきたい。

では、ヘリンガーや彼の手法に特に興味があるわけではないという読者にとって、本書の価値はどこにあるのだろうか？

〈心の専門家〉にとっては、ヘリンガーの集団的良心に関する洞察は、クライアントが持ち込む問題の背後に働く力動を理解し、効果的な援助を提供する上で助けになることだろう。また、苦しみや病の背後には愛があるという彼の洞察は、苦しみ、痛み、怒りなどに焦点を合わせがちな訓練を受けてきた専門家にとって、何よりも大きな安堵感を与えることだろうし、より落ち着いてクライアントが持ち込む問題に向き合い、効果的な援助を提供する力を与えることだろう。ある者は、「人を援助する」ということの奥深さと限界、そして危険性を学ぶかもしれない。もしくは、苦しみを背負う個人の尊厳を尊重するという謙虚な姿勢が、深い次元で癒しをもたらすことに驚くかもしれない。

心理療法に特に関心があるわけではないという読者にとっても、人間存在の本質について学べることは多いはずだ。本書の中では、ファミリー・コンステレーションという手法についてはもちろんのこと、ナチズム、六十年代の学生運動、宗教、親と子の役割というような幅広いトピックについて、ヘリンガーの深い洞察が語られている。これらの洞察を通して、読者は、人生で遭遇する様々な出来事に対する一つの豊かな受け止め方を学びとることができる。たとえば、家族が病に倒れる、アクシデントで最愛の人が死ぬ、自分が思いもよらなかった病にかかる、理不尽な事件の犠牲者となる、戦争にまきこまれる……。このようなことが、わが身に降りかかった時、おそらく人が究極的に求めるのは、「なぜ自分がこんな思いをしなければならないのか」という問いに対する答えと、その苦しみから抜け出す方法であるだろう。これに対するヘリンガーの答えは明快だ。「究極の癒しは、ありのままを認め、それに同意することから始まる」――原書のタイトルが意味している姿勢である。

悲劇は起こる。望まなくても。不治の病も、凶悪犯罪も、戦争も。これらは全て人間存在の本質の一部であり、それ自体を善だとか悪だと言っても、悲劇に見舞われた者の苦しみは癒されない。ヘリンガーがリードするファミリー・コンステレーションは、そんな苦しみを背負った家族が、そのありのままの現実に直面し、そうすることで癒され、強く歩んでいく力を得ることを、そして、どんな不幸や苦しみも無駄に終わることはなく、その重みは脈々と、生命の流れの中で受け継がれていくということを、目の当たりにしてくれる。

バート・ヘリンガーのワークショップに参加したことのある者は、私自身もそうであったが、自分自身の中の深い次元にある「何か」に触れ、それによって自らの生の担い手として力強く歩んでいく力を受け取る。そして、しばらく月日が経った後、心の奥底で不思議と変化している自分に気づいたりする。たとえばある時ふと、長い間抱えてきた親に対する感情的なわだかまりが解消されていることに自分でも驚くといった具合だ。そして、受け取った生命を十分に生きようとしている自分に気づいたりする。本書が、実際にヘリンガーのワークを体験していない方々にとっても、そのようなきっかけとなっていただけたら光栄である。

本書の中でも、ヘリンガーは時に、大胆で厳しい発言をしているが、そんな表面上の厳しい言葉とはうらはらに、実際の彼はとても柔和で、しかも詩的な口調で話す。翻訳するにあたっては、原文において説明不足で誤解を招くおそれのある箇所についてのみ補足を加えたが、できる限りヘリンガーの簡潔で温かくユーモラスな口調そのままを、日本語に乗せることを心がけた。訳者の力不足もあろうかと思うが、彼の一語一句が持っている力を感じ取っていた

ヘリンガー氏と2004年ワークショップ運営スタッフ

だけたら幸いである。

＊　＊　＊　＊　＊　＊　＊　＊　＊

ヘリンガー氏のワークは、今まさに広がりの芽が出はじめたばかりです。このような状況下での翻訳の道のりは、決して平坦なものではありませんでした。多くの方々の励ましに支えられ出版へこぎつけることができました。すべての方の名前を挙げることはできませんが、本書の価値を理解し出版を快諾してくださった（株）ＪＭＡの松島直也社長と担当の橋之口真輔さん、長期にわたる翻訳作業の間ずっと助言と励ましを送ってくれた夫である谷口隆一郎、また、本書の翻訳に関する一切の権限を一任し、遠くから温かく見守り続けてくれたバート・ヘリンガー氏、それからヘリンガー氏との出逢いの場を与えてくれたＨＩＪの小林真美さんに、この場をかりて感謝いたします。

訳者　西澤　起代

二〇〇五年五月

いのちの営み、ありのままに認めて
Acknowledging What Is : Conversations with Bert Hellinger
ファミリー・コンステレーション創始者
バート・ヘリンガーの脱サイコセラピー論
—完全復刻版—

2016年6月1日 発行　　定価：本体 2,500 円＋税

著 者　Bert Hellinger & Gabriele ten Hövel
翻 訳　谷口 起代
発行者　永島 静香
発行所　東京創作出版
〒271-0082 千葉県松戸市二十世紀が丘戸山町 53-1
Tel/Fax　047-391-3685
http://www.sosaku.info/

装丁・水落ゆうこ／印刷・藤原印刷株式会社